U0755423

高校图书馆
读者服务工作拓展与创新

周　静　著

延边大学出版社

图书在版编目（CIP）数据

高校图书馆读者服务工作拓展与创新 / 周静著. --

延吉：延边大学出版社，2021.11

ISBN 978-7-230-02576-8

Ⅰ. ①高… Ⅱ. ①周… Ⅲ. ①院校图书馆－读者服务

－研究 Ⅳ. ①G258.6

中国版本图书馆CIP数据核字(2021)第246078号

高校图书馆读者服务工作拓展与创新

著　　者：周　静
责任编辑：李宝珠
封面设计：王　朋
出版发行：延边大学出版社
社　　址：吉林省延吉市公园路977号　　　邮编：133002
网　　址：http://www.ydcbs.com
E-mail:ydcbs@ydcbs.com
电　　话：0433-2732435　　　　　　传真：0433-2732434
发行部电话：0433-2733056
印　　刷：北京市迪鑫印刷厂
开　　本：787毫米×1092 毫米　　1/16
印　　张：9.5
字　　数：202千字
版　　次：2022年3月第1版
印　　次：2022年3月第1次印刷
ISBN 978-7-230-02576-8

定价：52.00元

前　言

新时期图书馆的建设和发展基础是加强读者服务。高校图书馆面对的读者群主要是学生、教师、职工等。在计算机网络技术日益普及、信息共享建设不断深入的背景下，高校图书馆读者服务不管是在内容上，还是在方式上均有新的变化。为应对这种变化，满足高校师生图书馆服务需求，提升阅读体验，必须对服务工作进行全面创新和拓展。在网络信息技术迅速发展和广泛应用的今天，如何满足高校师生多样化阅读、信息服务需求是高校图书馆必须重视和解决的课题。从新时期高校图书馆读者服务需求的特征出发，系统探讨读者服务工作的创新及拓展。

高校图书馆是为教学和科研服务的学术性机构，是大学办学的三大支柱之一（师资队伍、教学设备、图书资料），因此图书馆必须为教育事业和教学科研的发展提供更高层次的服务，读者服务是高校图书馆联系读者的最直接窗口，它反映出图书馆工作的质量和服务效果。作为图书馆重要基础工作之一，读者服务工作也必须跟随高校教育事业的发展而发展。

高校图书馆读者服务的特殊性决定了它的内涵和外延。随着时代的发展，科技的进步，在人们衣食住行等生活层面得到极大改善的同时，人们的思想也发生了翻天覆地的变化。与之而来的就是伴随着的精神层面的升华。尤其作为新时代在校大学生，不仅对于图书馆服务方式的改变与进步有着迫切性的需求，而且对于传统文献内容的理解和对符合新时代背景下的新文化新知识的渴求有着日新月异的变化。基于这种趋势的不断发展，图书馆的读者服务已绝非传统意义上的以借还图书为主的"读者服务"可以满足了的。作为一个规范性的概念，现代的"读者服务"在内容上已经发展成为了一个多成分、多层次的网络状结构。

我们要抛弃封闭、单一、被动的传统服务方式，建立一个主动的、开放的、综合性的立体化服务平台，最大限度地满足读者日益增长的文化需求；建立一个以读者为中心，以参考咨询为主导，向全校师生全面开放的服务型概念化系统。以馆藏的丰富性和全面性为基础，以人为本使图书馆的服务逐渐趋向人性化和便捷化。因此，提升高校图书馆读者服务质量、创新读者服务方式是图书馆各项工作的出发点和归宿，是图书馆工作中的核心，是重中之重。

目　录

第一章 高校图书馆服务创新的必要性

第一节 服务创新是经济技术进步的需要

现代高校图书馆所处的是知识经济的时期，信息、知识在促进经济和社会发展方面将发挥越来越重要的作用。科学技术正突飞猛进，迅速改变着这个世界。以知识和信息为基础，竞争与合作并存的全球化市场经济正在形成，人类的未来和国家的繁荣比以往任何时候都更加依赖于创造和应用知识的能力和效率。而高校图书馆是聚集知识和信息的宝库，如何充分利用现代技术使其所容纳的各种各样的知识与信息，转化为现实的生产力，是摆在高校图书馆面前的一个重要课题。

一、知识经济的形势要求

（一）知识经济的特征

20世纪90年代，社会发展出现了一个新的趋势，以高科技信息为主导的新型产业的崛起，推动经济领域实现了一场空前的革命，知识不但在这场革命中成为经济的直接推动力，而且谱写了知识经济时代的篇章。

知识经济时代到来前，人类已经历了数千年的农业经济和200余年的工业经济发展阶段。近半个世纪以来，计算机、晶体管、集成电路、个人电脑、全球网络、多媒体通信等相继出现并迅速发展。到20世纪80年代以后，以信息获取、储存、传输、处理、演示技术和装备以及以信息服务为内容的信息产业迅速崛起，成为发展最迅速、规模最宏大的新兴产业。20世纪90年代以来，世界经济发展又呈现出新的变化：经济和社会的发展越来越依赖于知识的创新和创造性应用，世界经济逐渐呈现出知识经济全球化的态势。可以预测，21世纪知识经济将逐步占据国际经济的主导地位，科学研究系统在知识经济中将起着知识生产、传播和转移的关键作用，而知识和科技的创新及其应用将成为知识经济时代生产力发展的决定性因素。新技术的革命，尤其是信息技术的发展，已使全球经济的增长方式发生了根本变化。

知识经济是"以知识为基础的经济"的简称。具体地说，就是创新的知识、高新技术（核心是微电子技术）、计算机（多媒体）、网络（互联网）、革新的通信、信息高速公路、全球化的市场和掌握、驾驭这一切的"人"结合在一起，以进行组合要素、组合经济的一种新型生产方式。

专家学者对知识经济的认识在其本质上是相同的，即以智力资源的占有和配置，以科学技术为主导的知识的生产、分配和消费为最重要因素的经济。知识经济在资源配置上以智力资源、无形资产为第一要素，对自然资源通过知识和智力进行科学、合理、综合和集约的配置。可以说，知识经济是由最复杂的结构功能所主导的经济形式。知识经济正日益影响和改变着人们的工作和生活并将使社会发生巨大变革。

（二）知识经济对高校图书馆的影响

中国加入 WTO，标志着我国的社会发展进一步融入全球经济一体化、信息化的知识经济轨道。党和政府提出"科教兴国"战略的实施，也为发展知识经济奠定基础。中国数字高校图书馆工程就是在知识的不断创新中应运而生的，它组织与管理知识，推动并参与创新，是知识经济发展的重要产物。特别是 2015 年，在新修订的《普通高等学校图书馆规程》中指出：高等学校图书馆是学校的文献信息资源中心，是为人才培养和科学研究服务的学术性机构，是学校信息化建设的重要组成部分。显然这是随着知识经济的形成和发展而修订。

在知识经济时代，知识将被作为最重要的资源得到充分的开发、传播与应用，知识的不断创新成为推动时代发展的根本动力。这将对担任知识信息收集、整理和传递任务的高校图书馆提出更高的要求。改革创新，增强自身发展活力，积极、主动地适应经济社会的发展需要已成为高校图书馆发展的必然趋势。

1. 用户需求日益提高

在知识经济时代，高校图书馆用户已不满足一般性的内容提供，而是由文献需求向知识、信息需求演变，高校图书馆的服务内容要打破以原始文献作为第一服务手段的服务，以用户需求为导向进行文献信息的深化，从文献传递的提供式服务向知识、信息资源重组的创新式服务转变。要了解并掌握用户知识、信息需求特点，向用户提供以专题、知识单元为基础的服务，及时对馆藏一次文献进行二、三次文献信息开发与利用，将文献信息进行收集整理，形成专题综述、述评、研究报告等深层次的开发，综合形成新的信息资源，提供的信息是该领域最新、具有前沿性的有效知识、信息，以此满足用户日益发展的需要。

2. 市场竞争日趋激烈

在以印刷型文献为主要信息载体的时代，高校图书馆以其丰富的馆藏和较熟练的文献服务技能两大优势，在社会信息服务体系中占据主导地位。但是，在以信息产业为主导的知识经济时代，信息服务日益社会化、网络化、个性化，高校图书馆的主导地位日益削弱，甚至其生存也面临着严峻挑战。虽然改革开放后，高校图书馆也逐步走向社会，面向市场，参与信息服务市场的竞争，但随着社会信息化程度的加深，信息存取和利用更加自由，商业界大量介入以往只能由高校图书馆和信息中心提供的信息服务，越来越多的个人和企业涉足信息服务业，它们以更具特色的服务吸引着广大用户，与图书情报机构激烈地争夺着用户，使得高校图书馆成为信息服务市场中众多竞争者之一。在激烈的信息服务市场中，面对用户的不断更新的信息需求，高校图书馆的现有信息服务逐渐失去了其争夺用户、开发市场和持续发展的能力，这就要求高校图书馆对信息服务系统进行重新定位，深入研究用户的真正需求，以用户为中心开展服务，形成新的服务体系。

3. 事业发展日渐迫切

知识经济时代，知识将取代权力和资本，成为最重要的社会经济资源。而作为拥有丰富知识信息资源的高校图书馆，知识经济的发展无疑是给其带来了新的发展动力、新的机遇和新的发展前景，但同时也带来了新的挑战。随着"知识经济"浪潮的掀起，经济建设要求高校图书馆利用知识资源为经济建设服务，把知识形态的科学技术和经营管理技术推广到经济建设中去，转化为经济建设的动力。新时期的高校图书馆事业要想在新的经济环境中保持可持续发展，就必须适应环境的变化，不断地改变和创新，以取得更大的社会效益。同时也从中获得较好的经济效益，以保证高校图书馆事业的不断发展。因此，市场经济条件下信息服务环境的变化迫使高校图书馆必须改革和创新。

同时，作为信息集散地的高校图书馆，也肩负着振兴地方经济的任务，因而，要打破传统的服务模式，努力开拓新的服务方式，要面向社会，寻找市场，拓宽服务范围。以经济建设为导向，依托网络平台，立足于创新，探索新的服务方式，开发信息资源。与社会上的信息企业合作，使自身丰富的文献信息资源与企业高素质的信息人才结合起来，创造出一流的信息产品，提供给社会。同时，把高校的科研成果及时介绍到企业中去，使之尽快转化为生产力，为社会服务。这一切都需要高校图书馆服务创新。

二、信息技术的形势要求

（一）信息技术的现状

信息技术是指在信息的产生、获取、存储、传递、处理、显示和使用等方面能够扩展人的信息器官功能的技术。它是随着人类对外部世界的认识和控制能力的不断提高而逐步由低层次向高层次发展的。现代信息技术包括计算机技术、微电子技术、通信技术、自动化技术、光电子技术、光导技术和人工智能技术等。如果说建立在微电子技术及软件技术基础上的计算机是现代社会的"大脑"，那么由程控交换机、大容量光纤、通信卫星及其他现代化通信设施交织而成的覆盖全球的电信网络就是现代社会的"神经系统"。

当前，信息革命的浪潮正以不可阻挡之势席卷全球，现代信息技术的发展更是日新月异。现代信息技术的发展将对社会经济、政治、文化等一切方面产生重大而深远的影响。

1. 快速地更新换代

自 1946 年世界上第一台电子数字计算机问世。半个多世纪以来，电子计算机已"繁衍"了五代，即电子管—晶体管—集成电路—大规模集成电路—人工智能计算机。计算机的运算速度有了成千上万倍的提高，个人用的计算机每秒运算几千万次，上亿次的也已出现。比较大型的计算机每秒运算几百亿次，每秒运算上万亿次的计算机已投放市场。卫星、光纤等通信技术也迅猛发展，现在通信卫星已发展到第八代，一颗卫星有几十个转发器，可同时提供几万路电话线路或转发几十路电视，光纤传输技术已跨入成熟期，许多国家已建起了以光纤为骨干的大容量通信长途干线传输网络。世界信息网络技术发展迅速。

2. 大容量的信息存储

信息系统需要对已加工的可利用的信息进行存储，以便适时向用户提供。近一二十年信息存储技术有了巨大进步，以计算机为例，在 20 世纪 70 年代后期，个人用的计算机的存储水平为 1K、4K、16K，而目前市场上 500G 的硬盘已经很普遍了，1T、2T 的硬盘也已投入市场，存储量有了数百万倍的增长。在缩微存储方面，出现了缩率达 90～150 倍的激光全息超缩微平片，在一张标准规格（6×4 英寸）的平片上，可记录 3000~12000 页资料。据报道，目前已有存储量高达 22.5 万页资料的全息缩微平片。英国大百科全书公司的索引卡，原需要 700 米长的书架存放，现只用两个抽屉即可容纳其全部缩微平片。光存储技术也有了长足的发展，除了只读式的光盘、光带、光卡外，还出现了可供用户写入信息的一次性写入光盘，可反复擦写的光盘及自动换盘的多光盘系统。光盘的存储量大，信息存取速度快，使用寿命长。

3. 自动化的信息加工处理

信息加工处理中业务操作系统化、数据处理自动化、记录事项规格化、文献缩微复制自动化等得到了广泛的发展和应用。知识数据库与专家系统的出现，使信息情报咨询与检索工作达到了智能化的程度。作为人工智能应用的专家系统已有 100 多种，将日益广泛地运用于医疗诊断、投资分析、贸易管理、科学研究、气象预报、制订财政计划等方面。

4. 数字化的信息传输手段

当信息数字化并经由数字网络流通时，大量信息可以被压缩，并以光速进行传输，数字传输的信息品质又比模拟传输的品质要好得多。许多种信息形态能够被结合，被创造，例如多媒体文件。

5. 多媒体技术与信息网的宽带化、综合化、智能化和个人化是未来信息技术发展的主要趋势

随着未来信息技术向着智能化的方向发展，在超媒体的世界里，"软件代理"可以替我们在网络上漫游，它让使用者能够在各个文件之间有效地穿梭寻找，而不需将文件从头到尾看一遍，不再需要浏览器。它本身就是信息的寻找器，它能够收集任何我们可能想要在网络上取得的信息。

以多媒体技术为代表的信息通信产业，将成为 21 世纪最有希望获得发展的产业之一。随着通信技术与计算机技术的进一步融合，信息网将朝着宽带化、智能化、综合化和个人化的方向发展，为人类的信息交流提供极大的方便。

三、信息技术对高校图书馆的影响

飞速发展的数字化、网络化信息技术，给高校图书馆传统服务带来了极大的冲击。网络改变了传统的信息交流方式，冲破了地域限制，实现了世界范围内的信息共享。伴随着数字化和网络化大潮的推进，作为知识殿堂的高校图书馆正面临着一次全方位的技术革新。信息资源的数字化能够扩展高校图书馆的虚拟馆藏，扩大高校图书馆的服务范围，突破传统的信息传递模式，使信息传递变得更加快捷、便利。因此，高校图书馆进行数字高校图书馆建设，开展多种形式的服务创新，成为21世纪高校图书馆迎接网络时代的重要战略。

（一）文献资源数字化

传统高校图书馆的信息资源以文献为主，且多为纸质印刷型文献。随着信息技术的发展，纸质印刷型文献一统信息载体的局面已不复存在。电子信息源的不断出现和增多，涌现出诸如CD—ROM出版物、数据库、联机检索信息源、因特网信息源等新型的信息资源，并可以通过计算机终端、网络通信对其进行高速、准确的浏览和检索利用。信息的形式也日渐丰富，不仅有纯文字型信息，还有图像视频型、数值型、软件型等多种信息类型。这些新型的信息资源不仅数量巨大、类型繁多，而且取用方便，它将极大地丰富高校图书馆的服务内容，成为未来高校图书馆信息资源的主体。

（二）传播载体多样化

传统的信息存储载体一直是以纸张为信息传播的主要载体和媒介。随着多媒体、超媒体计算机技术以及光纤技术的日益成熟，知识的载体已不再是纸张这一单一形式，磁、光介质已大量应用，光盘等电子出版物迅猛激增。除文字载体外，还有语音载体、电磁波载体、缩微载体、声像载体、网络载体，且均可通过现代技术存储或传播。传播载体已由单一的印刷型向多类型、多载体方向发展，人们不必过问所需信息是存储在何种载体上，网络资源的社会性和共享性已初现端倪。

（三）服务手段现代化

传统高校图书馆的服务手段多以手工操作为主，不仅服务速度慢，效率低，且服务内容受限。读者通常需亲自登门造访，时空制约比较明显，服务质量多受馆员个体的学识和经验的约束，效果不很理想。现代信息技术和网络通信的发展使高校图书馆的服务手段发生了变革，计算机检索、联机数据库检索、网络信息检索等新型文献检索手段不仅扩大了检索的范围，同时大大提高了检索效率。网上预约、网上借还图书、网上催还图书等流通新业务的开展不必读者亲自来馆。

（四）服务方式多元化

传统的高校图书馆服务方式比较单一，基本上以被动的馆藏书刊借阅和一对一式的面询为主，服务效果难尽如人意。现代信息技术和网络的发展首先使高校图书馆的服务空间拓宽了，服务方式也日渐丰富多样，在线参考咨询，如 E-mail 服务、BBS 讨论组、FAQ 实时解答服务等，具有实时性、交互性、能动性、个性化和人工智能化的特点，能提高咨询效果，更大程度地满足读者需求。在国外，有些高校图书馆还在尝试一种"即时视像咨询服务"，即咨询馆员和远程用户借助视像会议软件、摄影头、话筒等设备，实现实时视像的面对面交流。

（五）服务对象社会化

传统高校图书馆的服务对象明确且相对稳定，多局限于本校师生。网络环境下的高校图书馆事实上已成为整个网络体系的一个节点和组成部分，由于信息存取的开放和自由，凡是与网络连接的用户，都可以不分国家、地域、单位和时间的限制，调阅网上高校图书馆的信息，网上用户同时成为高校图书馆的读者。读者面之广、数量之多，远远超过传统高校图书馆。

当前信息技术的迅速发展不仅使数字化文献资源和网络化信息服务逐渐成为高校图书馆服务的主流，而且以 e-science，e-learning，e-business 和 e-government 为代表的信息环境正带来新的用户需求、用户行为和用户信息应用机制。同时，以 Open Access 为代表的新型学术信息交流模式、以 Google Scholar/Print 为代表的新型信息服务机制，以及以 Institute Repositories 为代表的机构知识交流与保存平台，都为高校图书馆服务的发展带来了空前的挑战和前所未有的机遇。面对这种信息环境持续不断的变化，高校图书馆如何充分利用新环境所创造的机遇，如何挖掘服务定位，如何集成利用各方面资源，如何开辟或拓展服务功能和形式，如何建立可持续和有竞争力的服务模式，已成为高校图书馆领域的领导者共同关心的问题。从而，也使高校图书馆服务创新成为一个必须认真探索、研究的课题。

第二节　服务创新是教育事业发展的内在反映

服务创新是经济技术进步的外在需要，也是教育事业发展的内在反映，是知识经济的形势要求，是信息技术的形势要求，更是创新教育和高校发展的形势要求。高校图书馆的发展历史表明，只有不断创新，不断变革，才能跟上社会发展的步伐，才能为社会的发展贡献力量。

创新是一个民族进步的灵魂，是一个国家兴旺发达的不竭动力。中国需要发展，需要具有创新能力的人不断创新，而创新人才的培养又需要社会化的创新教育。随着教育投入的不断增加，高等学校的规模不断扩大，高等学校作为跟踪国际学术发展前沿、积极参与国家创新体系建设的教育主阵地，已成为创新型人才培养的基地。高校图书馆作为学校办学三大支柱之一，在学校大力开展的创新教育中，以创新教育为契机，以培养创新人才为己任，积极发挥高校图书馆馆藏资源、环境资源和第二课堂的作用，对推进高校创新教育十分重要。

一、创新教育的形势要求

（一）创新教育的内涵

创新教育就是根据创新理论的原理，通过一系列的制度创新、机构创新、思维创新、管理创新、教学内容和方法手段的创新等，以培养具有创新素质的创新人才为价值取向的教育。创新教育的本质是开发人的创新能力。从本质上说，创新教育是一种反映时代精神的教育思想和教育理念，它在理论和实践上都有着明显的特征。

1. 创新教育是高层次的素质教育

素质教育是创新教育的基础。从教育模式的角度来说，创新教育则是高层次的素质教育，是素质教育的最高体现。因为创新教育所培养的素质是创造素质。创造是人类本质的最高体现。以培养人的创造性为根本宗旨的创新教育，既是人类最高层次的教育，也是当前正在全面实行素质教育的一种最高形态的实践模式。

2. 创新教育是面向社会全体的教育

创新教育不是精英教育，而是面向社会每个个体的教育。创新教育的基本理念认为，创新是人的本质特征，人人都有创新潜能，时时都有创新之机。创新教育必须摈弃创新是精英们的"专利"的观念，树立人人是创新主人的意识，根据个体的不同特点因材施教，使其都具有创新精神和创新能力。

3. 创新教育是注重个性的教育

创新教育并不是用一个固定的模式去批量制造创新主体，而是充分注重个性、尊重差异，承认每个人在价值、才能、情意和行为方式上都是极富个性的个体，依据个体的志趣、特长等加以引导，以提高个体的创新能力。创新教育必须尊重个性，承认差异，赋予每个人自由发展的机会和权利，让他们通过选择，在自己擅长的方向上去发展，以自己独特的理念和优势去超越，去突破，去创新。

4. 创新教育是一种主体性教育

教育对人的发展从而对社会的发展所起作用的大小，基本取决于它在多大程度上培养出主体性强的人，以主动适应社会发展的要求。创新教育的本质特征是把个体的地位、潜能、利益、发展置于核心地位，高扬人的主体性，其职能就是最大限度地激发人的积极性、主动性和创造性。从这种意义上说，创新教育是一种主体性教育。

5. 创新教育是平等、民主的教育

创新教育在价值观上集中体现了教育的平等性、民主化特点，主张尊重和保护人与人之间存在的必然差异，给予每个人充分发展其自身、激发其内在潜能的平等机会。要求建立平等、民主、和谐的师生关系，形成一种和谐平等的氛围。这种和谐的氛围可以为学生营造一个充满朝气、宽松自由的空间，使他们在没有思想束缚的环境中勇于探索和创新，大胆质疑，充分表现自己，使他们的潜能得到充分发挥和协调运用，使创造力尽可能得到发展和提高。

6. 创新教育是终身教育

人的创新品质是在长期的学习与训练中逐步形成的，不可能通过阶段性的训练就能形成持久的稳定的创新品质。完整的创新教育是从婴幼儿时期开始的，学前教育、小学教育、中学教育、高等教育、继续教育都要全面体现创新教育的思想，这样才能提高所有人的创新能力，也才能够最终使我们的民族富有创新精神。创新能力需要终身培养，创新动机需要终身激励。从这个意义上说，创新教育既是全民教育，也是终身教育。

（二）高校图书馆在创新教育中的作用

教育是培养人才和增强民族创新能力的基础。教育要不断培养大批合格的有中国特色的社会主义的建设者，不断造就大批具有丰富创新能力的高素质人才，不断提高全民族的思想道德素质和科学文化素质。这些素质的养成要求现行的教育空间要扩大，教育内容要拓宽，要从传统应试教育、单一的课堂教学模式向课堂教育、高校图书馆教育和社会实践教育三方面相结合的素质教育转化。而高校图书馆教育的表现形式既有有形的，也有无形的，既有物质的，也有精神的，使得高校图书馆在创新教育中具有自身独特的功能与作用。

1. 创新教育的第二课堂

创新教育是一个系统工程，要求在充分进行知识教育的基础上，进行全方位、多层次、系统化的思维训练、观念调适、方法培养和技能实践，在学生智力水平、学习动机、学习兴趣等各培养目标中重点加强与创新相关的内容，提高他们的创新能力。这就使得无论是教师还是学生，都对作为信息集散地和加工所的高校图书馆的依赖性和期望值大大地提高。

高校图书馆教育的自由性、可选择性，高校图书馆信息资源的系统性、完整性和新颖性，以及多媒体技术、网络技术在高校图书馆教育中的应用，都不断彰显高校图书馆在高等学校创新教育中的重要地位。高校图书馆通过对文献信息的针对性、系统性、连续性、新颖性的不断研究和完善来为创新教育提供文献保障，成为学生构建合理知识结构的最理想的第二课堂。社会的发展和科技的进步，要求对大学生进行信息素质教育，使他们具有敏锐的观察力，能从大量繁杂的信息中发现有价值的信息，并能依靠掌握的信息技术和信息工具，迅速有效地获取、利用这些信息。因此，开辟第二课堂，帮助大学生学习掌握网络知识以及现代情报检索技能，提高其利用馆藏资源的能力，也是创新教育的迫切要求。

2. 终身教育的最佳场所

以教育为基础，实现劳动者知识化和学习终身化是知识经济发展的必然趋势，也是21世纪创新教育的重要内容。由于知识老化加速，新专业不断涌现以及职业更替频繁，在人的一生中，只靠在校学习，即一次教育不能满足时代发展的需要，终身教育将成为必然趋势，而高校图书馆为终身教育提供了可能和机会。

知识经济时代的高校图书馆已不再是传统意义上的高校图书馆，它不仅拥有丰富的馆藏，而且拥有经验丰富、高素质的知识信息检索和研究专家，能够辅导和帮助读者学习获取知识信息的方法，使之学会如何在知识信息的汪洋大海中迅速获得自己所需的知识信息；能够解答读者在学习和工作中所遇到的各种疑难问题，使读者接受教育、获取新知识的过程更加顺畅。此外，逐步走向社会化的高校图书馆，将不再按身份来限制读者利用高校图书馆，各种类型的读者都能利用高校图书馆获取自己所需的知识信息，进行必要的即时学习。因此，无论从知识信息的丰富性还是读者获取知识信息、接受教育的方便程度等方面来说，高校图书馆都是实施终身教育的最佳场所。

3. 通才教育的重要基地

通才教育是指建立在拓宽基础知识前提下的专业教育，由此，美国兴起了通才教育运动。其宗旨是：使一个人在职业教育以外得到全面发展，包括他的生活目标的文明化、情感反应的纯净化以及依据时代最优秀的知识理解事物本质的成熟化。一些强调通才教育的国家，其大学教学和科研是通过高校图书馆进行的，因为这种从高校图书馆培养出来的人具有极强的学习主动性、创造性。因此，高校图书馆应在崇尚学习的知识经济环境下，充当读者技能培养的重要教育机构，训练和培养他们的获取知识的能力、主动学习的能力、独立研究能力等。事实上，高校图书馆教育方式具有主动、灵活、多样、可选择等特征，有利于学生独立性、创造性和开拓性的培养，更有助于高等教育的培养目标从专才教育向通才教育的转变，使高校图书馆真正扮演通才教育重要基地的角色。

4. 个性化发展的培养中心

大学生在高校图书馆查找资料、阅览文献、进行自学或在因特网上浏览的时间会远远超过课堂学习的时间，使高校图书馆成为真正意义上创新教育的第二课堂。如果说课堂是共性教育，那么高校图书馆就是学生个性化教育的重要场所。与课堂学习相比较而言，高校图书馆学习是一种自由开放的形式，它能让学生根据自己的兴趣和特长，有所选择地进行深造和提高，让学生形成稳定的个性特征，挖掘与发展自身的潜能。高校图书馆个性教育功能的实现，显然有利于创新型人才的培养。

（三）高校图书馆服务创新是创新教育的内在要求

高校图书馆的基本职能是教育职能和信息职能，而国家创新体系所包括的教育创新体系和信息服务创新体系，就必然要求高校图书馆服务创新。高校图书馆的创新教育作用和功能不可能通过硬性灌输、制度的约束等外部强制力来完成，而是要加强服务创新，不断提升服务能力和服务质量，通过建设优质、丰富的文献资源，创造良好的文化氛围与和谐的学习环境，采用现代科学技术手段，提供优质、周到的服务，树立不断创新的思想，建设一支高素质的馆员队伍来实现。

1. 要求加强信息资源建设与利用，营造创新的文化氛围

面对"全球信息一体化"的 21 世纪，高校图书馆信息资源建设与利用必须走出一条

创新的路子。要加强信息资源的建设，充分利用高校图书馆的文献信息资源，并把这些资源转化为有利于创新教育的有价资源。必须充分利用现代各种新载体、新技术和新手段，活化资源和信息，增加灵活性，增强创新能力，以充分提高馆藏文献信息资源的利用率，提高服务效率和质量，营造一种创新的文化氛围。这是高校图书馆迅速、准确地为学生提供良好服务的基础，有利于更好地开展创新教育。

高校图书馆必须充分发挥自己的信息资源优势，突出高校图书馆科技信息加工和检索的网络化、现代化地位，将资料检索、书籍阅览、信息存取、学术交流等在高校图书馆的结构和功能上形成一个有机的整体，使学生置身在这一开放、多元的信息环境中，能够自然地感受到现代社会和未来文明相交汇的充满想象和创造欲望的灵感冲动。同时要通过举办各种学术报告和演讲、座谈等多种形式的学术交流活动，使高校图书馆成为一个各种学术思想和观点交汇、碰撞的中心，从而为大学生培育创新思想、展示创新才华提供一个丰富多彩的舞台，引导学生进一步去开展相关学术问题的资料检索、学术研究等创新性实践活动，使高校图书馆形成一个激发、引导、催生创新思维和创新灵感的教育环境。

2. 要求拓展服务手段与方式，提高创新教育的水平

高校图书馆要发挥在创新教育中的积极作用，就必须不断改进服务手段和方式，提高创新水平。要适应创新教育对知识信息的需求，高校图书馆的信息服务应设法从文献单元深入到信息单元，通过信息挖掘，向读者提供高技术含量的增值信息服务。一是要尽快完成由封闭式的被动服务模式向主动、快速的开放式服务模式的转变。二是积极稳妥地运用智能辅助化技术与服务系统开拓新的服务项目和服务领域，不断加强技术创新和新技术的应用，深化信息服务的深度和广度。三是建立和健全读者的反馈机制，认真听取读者的要求、建议和批评，热情地解答读者的咨询、质疑，以知识为对象进行加工、整理，使之成为专题的、定向的信息，并提供个性服务即定题服务，同时提供参考咨询和特殊服务。四是积极开展用户教育，引导读者进入网上特定的数据库进行信息检索，充分利用虚拟馆藏信息资源。五是全面开放高校图书馆信息资源和设备条件，如计算机检索、光盘检索和镜像站等，将文献检索的途径指引工作由学生自己完成，使学生在这个过程中逐渐培养信息意识和信息能力。

3. 要求培养具有创新精神的高校图书馆员，保证创新教育的实现

英国高校图书馆专家哈里森说："即使是世界上第一流的图书馆，如果没有能够充分挖掘馆藏优势、效率和训练有素的工作人员，也难以提供广泛有效的读者服务。"造就培养一批观念新、知识新、结构合理、具有较高创新素质的馆员队伍，是实现高校图书馆创新教育的关键所在。

高校图书馆员首先要具有创新意识。高校图书馆员只有思想活跃，善于接受新思想、新事物，善于捕捉新的信息源及发现读者新的信息需求，才能提供及时的创新的信息服务。其次要具有创新精神，勇于开拓进取，勇于探索，不墨守成规，努力提高自己的精神境界与知识水平，以自己的行动带动学生的创新积极性，营造充满活力的创新气氛。再次要具

有创新能力，高校图书馆员不再是传统服务模式中简单的文献保存者与传递者，他们不仅是服务者，还可发展为信息专家、信息管理者、知识管理专家，在工作中应从宏观角度进行调控，严格控制、协调信息的采集，围绕创新教育组织信息，注重馆藏信息服务和具有个性创造性资源的开发利用，为创新人才积累知识，为自主性学习提供方便之门。

面对知识经济的挑战，高校图书馆只有不断创新，才能跟上时代的步伐，使教育的时间从学校延伸到整个人生，使人们在未来的工作中不断接受新知识，掌握和运用新知识。高校图书馆只有不断创新，才能辅助创新教育实现对求知者的智能教育、通才教育、终身教育和管理教育，使他们能够在知识经济的大潮中学会学习、选择、生存、发展。因此高校图书馆服务创新既是创新教育的必然要求，又是创新教育的延伸。

二、高校发展的形势要求

在此轰轰烈烈的合校、扩招、强校的形势下，为了在激烈的竞争中占有一席之地和拓宽自身的发展空间，众多的高等院校都把做大做强作为自己的目标，而在《普通高等学校图书馆规程》中要求，高等学校图书馆的工作是学校教学和科学研究工作的重要组成部分，高等学校图书馆的建设和发展应与学校的建设和发展相适应，其水平是学校总体水平的重要标志。在此背景下，作为高等院校办学三大支柱之一的高校图书馆则必须随之进行变革创新，以适应学校教育教学改革的要求，促进高校的发展。

高校是科学研究的重要基地，与其他科研机构相比，高校的科研水平和科研成果在稳定的基础上不断上升，从市场上获得的科研经费也在不断上升。科技成果转化速度大大加快，高校科技企业蓬勃发展，科学园地不断增多。在这一系列过程中，高校图书馆起着举足轻重的作用，具体表现为：高校图书馆提供文献信息服务于科研，高校图书馆参与科研过程，高校图书馆独立承担科研项目，同时高校图书馆在科研成果转化过程中起中介作用，等等。但是，总体说来，高校图书馆在这些服务和工作中的作用是不够的，不够积极主动，不够开拓创新，不够深层次高质量，不够及时高效，不够社会化和市场化。为了适应高等学校的发展，开创服务科研工作的新局面，解决这些矛盾，高校图书馆就必须创新。

第三节　服务创新与高校图书馆建设

一、服务创新是高校图书馆职能的要求

（一）高校图书馆的职能

职能指人、事物、机构应有的作用、功能。在高校图书馆的历史发展过程中，高校图书馆的职能是随着社会及高校图书馆自身发展规律的变化而发展变化的。我们一般可将其

归为两大类，即基本职能和社会职能。

1. 基本职能

《美国百科全书》"图书馆"词条绪论指出："图书馆出现以来，经历了许多世纪，一直担负着三项主要职能：收集、保存和提供资料。图书馆是使书籍及其前身发挥固有潜力的重要工具。"高校图书馆的基本职能具体说来可以分为三部分：一是对知识、信息的物质载体进行收集、选择、积聚；二是对知识、信息的物质载体进行加工、整理、存贮、控制、转化；三是对知识、信息的物质载体进行传递和提供使用。

2. 社会职能

国际图联在法国里昂召开了图书馆职能的科学讨论会，会议通过的总结一致认为，现代高校图书馆的社会职能有四种：①保存人类文化遗产；②开展社会教育；③传递科学情报；④开发智力资源。这四种职能基本反映了现代高校图书馆的实际情况和现代社会对高校图书馆的实际要求，是不同国家的现代高校图书馆所具有的共同职能，也是社会要求高校图书馆承担的共同责任和义务，是社会对高校图书馆的共同要求。

（二）服务创新是对高校图书馆职能的拓展

从19世纪的封建藏书楼时期，到20世纪初的读者服务开创初期，再到20世纪80年代计算机广泛应用时期，以及今天的网络普及时期，人们时刻感受着高校图书馆服务的巨大变化，感受着高校图书馆职能的丰富发展。如果说古代高校图书馆主要肩负保存人类文化典籍的职能，那么近代高校图书馆就又增加了社会教育的职能，而现代高校图书馆又要担负起传递科技信息和开发智力资源的职能。可见，随着知识经济的发展和信息技术的进步，高校图书馆的物理形态和内容都发生了改变，但高校图书馆的职能和使命不仅没有弱化，反而得到了强化。高校图书馆职能的强化促使高校图书馆进行全方位的创新，而加强服务创新也是对高校图书馆职能的拓展。

1. 对高校图书馆收藏职能的拓展

广泛收藏文献以记录人类文化遗产，是高校图书馆有史以来的最基本的社会职能。在收藏职能的推动下，高校图书馆形成了庞大的以纸质文献为主的资源体系。现在，馆藏的概念和馆藏的质量发生了根本的变化，它的核心使命是面向社会提供信息咨询服务。这种目的决定了高校图书馆在收藏内容、获取方式上有别于传统的收藏职能。收藏职能可以说超越了以往"唯藏是瞻"和追求大而全的种种弊端。

高校图书馆的收藏范围进一步扩大。首先，网络的出现使得电子出版物和网络信息的生产和传播成为现实。而高校图书馆过去以印刷型纸质文献为主的馆藏资源体系又逐步地成为网络条件下高校图书馆迈向现代化电子高校图书馆的一大障碍。因为电子高校图书馆主要以计算机技术作为主要的技术与服务手段，而电子计算机不能能动、直接地识别和处理纸张化的文献。因此，随着网络信息技术的发展，高校图书馆的文献收藏将出现物理馆藏和虚拟馆藏并存的局面，并逐步地向以虚拟馆藏为主的馆藏资源体系转变。

这不仅适应了环境的变化，而且还大大丰富了收藏内容、拓宽了馆藏范围，实现了社会资源的馆藏化。

收藏空间实现了从物理空间到网络空间的超越。馆藏数量的不断增长和物理空间的不断扩大，几乎是所有传统高校图书馆长期不变的生存和发展模式。但是这种收藏空间的无限膨胀趋势，将在网络化条件下得到有效的控制。其理由主要如下：由于电子文献的高密度存储的特性，单位空间的收藏体积被高度压缩。在网络化条件下，馆藏概念和馆藏的评价标准发生了根本变化。首先，馆藏的含义扩大了，不仅包括不同的信息格式（如录像带、软磁盘等）和信息类型（如应用软件、书目文档、全文信息等），而且还包括以"虚拟馆藏"形式成为"本馆馆藏"的丰富的网络信息资源。其次，在馆藏质量的评价上，馆藏数量的多少或馆藏规模的大小已不重要，而联机数据库或网络信息的存取质量越来越显得重要。这就促使各个高校图书馆在对馆藏规模的认识上，不追求无止境的物理空间的扩大，而是追求网络空间的扩展。

高校图书馆收藏方式趋向于多馆合作。传统高校图书馆的收藏策略，主要是各个馆都追求大而全、小而全的馆藏资源，形成一个独立的馆藏资源体系。而在网络环境下，由于馆际互借、联机访问、远程登录等资源共享方式能够顺利实现，各个高校图书馆不可能也不必要追求那种独立完善的实物馆藏体系，而是以网络为依托，联机互访，广泛交换信息，建立并实现较完善的资源共建共享体制。

2. 对高校图书馆服务职能的拓展

高校图书馆的服务职能是与生俱来的，传统的读者服务是向读者提供文献。它所处理的对象是文献，从文献中获取信息是读者自己的事情。而在网络化条件下，服务模式实现了从"1—N"到"N—1"的超越，传统的高校图书馆的信息传播过程中，文献信息的传播是1点对多人，即一个高校图书馆同时对无数个读者。这种模式本身就注定高校图书馆永远也摆脱不了资源保障体系不完善的困境，进而也永远摆脱不了服务效益低下的困扰。而"N—1"模式，指的是多个高校图书馆或信息资源集散地共同对应一个读者，读者可以通过网络随时随地获得所需信息。在这种模式下读者可以任意选择访问任何一个高校图书馆或信息源，充分享受共享的便利。

同时，高校图书馆也由馆内服务向网络服务拓展。以往用户要想获得高校图书馆的服务，必须亲自到馆并在很大程度上受到地理、经济、时间等诸多条件的制约。这就给很多用户造成了不便。但网络的出现使得这方面的许多问题迎刃而解。首先，网络可以让多个高校图书馆或信息资源集合互相利用资源共同对一个用户提供服务，既使高校图书馆信息得到充分利用，又使读者能及时有效地获取信息资源。其次，网络的出现、E-mail、文件传输等技术在高校图书馆服务中的应用使得高校图书馆的服务半径扩大至网络终端的潜在用户。再次，网络的应用还在很大程度上延长了为用户服务的时间，甚至可以将以往的 8 小时服务转变为全天候 24 小时服务。最后，由于网络信息包罗万象，高校图书馆不仅可为用户提供各种文献信息，而且遍及生活各个方面的信息都可以予以筛选后提供。简而言之，网络时代中高校图书馆的服务已经走出"围墙"，向网络服务拓展。

二、服务创新是高校图书馆建设发展的要求

（一）高校图书馆的变化

随着 21 世纪的到来，人类社会已经步入信息时代。在信息化社会里，人们对获得的文献信息的广度、深度和准确度的要求越来越高。与此相适应的现代化通信网络技术和计算机化管理也越来越深入到高校图书馆，致使高校图书馆在文献信息存储、管理服务方式上均发生了深刻的变化：①从图书的保管者到服务本位的信息提供者；②从单一媒体到多媒体；③从本馆收藏到无边界高校图书馆；④从我们到高校图书馆去到高校图书馆来到我们中间；⑤从按时提供到及时提供；⑥从馆内处理到外包处理；⑦从区域服务到国际服务。

（二）高校图书馆的现状

随着信息化步伐的加快，高校图书馆的工作理念与工作方式也逐步转变。

首先，高校图书馆工作思想正在发生转换，从"重藏轻用"逐步转向"藏用并举"，从"小而全""大而全"的封闭性管理逐步转向信息化、网络化的开放式管理。

其次，高校图书馆馆藏资源由现实馆藏向现实馆藏与虚拟馆藏并存转移。现实馆藏是本馆馆藏，包括本馆馆藏中未被数字化的以纸为媒介的文献信息以及馆藏中的已数字化的文献信息等。虚拟馆藏则是本馆以外的馆藏。由于虚拟馆藏的巨大信息量，绝大多数高校图书馆都会予以充分利用。

再次，高校图书馆的工作对象已由单一媒体转变为多种媒体，传统的以纸质为媒体的高校图书馆工作逐步转换为多媒体、超媒体工作。从磁盘、光盘到互联网络，从只读、可写到交互多媒体，集存储丰富而系统、查验便捷而准确于一身的电子文献被高校图书馆普遍采用。

最后，高校图书馆信息服务的深度正在变化。传统高校图书馆的一个重要职能就是对文献进行整理，提供有序化信息服务。网络环境下，人们生活进一步个性化、多样化，更具专业化和创造性，人们不再满足于这类初级信息提供方式，需要更深层次的信息服务。这种服务是根据用户的问题和问题环境确定用户需求，通过信息分析和重组形成符合用户需求的知识，或者帮助用户找到解决的方案。"以用户为中心"的思想已经得到大多数高校图书馆的认同。

（三）服务创新是高校图书馆建设的重中之重

1. 服务创新是提高文献资源建设质量的要求

各级高校之间管理体制和办学条件的差异，造成高校图书馆在信息资源建设中存在着许多问题，制约着高校图书馆事业的发展。一是随着现代技术的发展，文献信息的载体呈现多样性，在给人们带来便利的同时，各种光、电、磁等介质的文献信息媒体也给馆员带

来了选择、标引上的困难，影响了读者的充分利用。二是购书经费投入不足，新书补充缓慢，许多高校扩招后没有按比例呈指数地增加图书经费，生均图书占有率下降。同时，我国加入世界贸易组织后，由于严格执行知识产权的保护法规，订购外刊资料的成本大大增加，加剧了高校图书馆文献经费的紧张态势。三是图书资料陈旧过时。许多高校图书馆收藏有大量过时、陈旧的或复本极大的图书资料；另外，由于一些新兴学科、技术学科（如计算机学科）的发展日新月异，知识衰老周期大大缩短，相应的图书资料很快失去参考价值。四是高校在合校、扩大招生后，高校的学科门类迅速增加，原来薄弱院校的文献资源建设很难在短期跟上。五是许多院校因合校形成了多校区格局，造成文献资源分散，不便共用共享。六是网络瓶颈。网上有用的科技信息大多须付费使用，影响了用户利用信息的积极性。相当部分的地方与自建校，因办学条件所限，信息网络不甚畅通，不能很好地利用大量的网上资源。

另外，很多院校高校图书馆馆藏没有形成特色，不利于优势学科专业的培育和发展。特色数据库较少，数据库规范化、标准化程度不高。各馆的数据库建设基本上是封闭式自我生产、自我服务的"小作坊"式发展模式，信息"孤岛"现象较为严重。同时，在建库过程中，由于体制上条块分割，缺乏统一的技术标准和规范，从而导致数据库的应用受到严重限制，共享程度低。以上诸种情况，在不同院校不同程度地存在着，显然与学校的发展壮大不相适应。

2. 服务创新是提升高校图书馆服务能力和水平的要求

受传统的"重藏轻用"思想的影响，"一切为读者""以读者为中心"的思想还没有真正落实到行动上，坐等读者上门。所有的服务基本是以高校图书馆为中心，可谓是围绕高校图书馆馆舍展开的，被动服务的现象还屡见不鲜。高校图书馆满足于书刊的借借还还、取取归归的服务方式。由于机制、经费、人员、设备的限制，服务工作有许多局限性，同时也束缚了服务人员的思想，缺乏主动服务的精神。

浅层次文献型服务，以收藏、加工，保存图书、期刊、资料等纸张为载体的文献信息为主。向读者提供原始文献，文献流通方式是一本图书、一种期刊或一份报纸。为献计献策提供馆藏专题文献，馆藏专题文献又是以一次文献、二次文献的信息单元为主，对文献信息的加工做得很少。需要进行深层次信息处理，提升服务水准。

第四节　服务创新是满足读者需求的当务之急

一、高校图书馆服务与读者需求的差距

有专家曾指出决定读者满意程度的主要是读者需求与高校图书馆服务之间的差距，而

非实际服务行为本身。高校图书馆在努力提供高品质的服务的同时，应立足于现实，明确读者的满意度是高校图书馆服务工作追求的核心，也是评判服务质量的最终标准。因此，努力研究读者需求和高校图书馆所提供服务之间的差距也是非常有必要的。

（一）读者实际需求与管理者对读者需求的理解之间的差距

读者实际需求与馆员对读者需求的理解上的差距是读者需求和高校图书馆服务之间最根本的差距，若不能正确评估读者的需求，不能从读者利益和需求入手，那么所提供的服务要想满足或超出读者需求是根本不可能的。造成此项差距的根源主要是管理人员与读者缺乏必要的交流与沟通，不能在全面调查读者实际需求和潜在需求的基础上进行信息需求预测和经营决策。细分析可将此差距归因于以下因素：管理人员对读者需求缺乏广泛的调查研究，导致高校图书馆的服务与读者的实际需求相脱节，与读者的潜在需求相差更远；高校图书馆一线服务部门与行政决策部门缺乏足够的沟通与交流；多级管理体制使一线服务人员与最高决策者之间的沟通渠道不畅。

（二）服务质量标准与管理者对读者需求的理解之间的差距

读者对高校图书馆服务的衡量尺度主要体现于服务质量，而服务质量的体现往往既是全方位的，也是具体细微的。倘若组织决策部门制定了错误的服务标准，即制定的服务标准不能精确一致地反映读者的需求，势必导致此项差距的产生。具体原因包括：对服务质量承诺不当，对服务质量标准的可行性理解不足，确保馆员向读者提供始终如一的服务质量的技术监督机制欠缺，服务质量标准缺乏与读者期望直接相关的目标等。

（三）服务质量标准与实际服务质量之间的差距

在市场经济社会中，读者来到高校图书馆，往往习惯于以消费者的角度来看待所提供的服务质量。读者服务质量是高校图书馆工作人员为读者进行文献信息服务时使读者满意的程度，因此该差距与高校图书馆员的个人因素直接相关，如馆员的素质、动机、能力及态度等。高校图书馆员对自己的岗位职责认识不清，业务知识欠缺，缺乏应有的培训和履行职责的技能和技巧，使馆员难以胜任自己的工作，以及高校图书馆员头脑中固有的"不可能令所有人满意"的观念是造成此项差距的主要原因。另外，管理体制的弊端使馆员缺乏处理各种问题的选择余地和灵活性，使高校图书馆员有受到管理者冷落的念头，因而影响了其服务动机和态度，也是造成这种差距的重要原因。

（四）高校图书馆服务与相关的信息交流之间的差距

即实际提供的服务与承诺之间的差距。过度承诺是造成此项差距的重要原因之一，例如集自动化和统一化为一体的联机公共检索目录可为用户带来诸多便利，然而当它超出了高校图书馆员的调控能力时（尤其是初次使用时），操作上的失败就会阻碍承诺服务的实施；另外，在提供服务时高校图书馆员与读者之间的信息交流的失误也是造成此项差距的原因，比如高校图书馆员给读者传达了过于理想和乐观的信息，使读者产生了过高的期望值，反而降低了用户的满意程度。

二、服务创新是满足读者需求的当务之急

早在 20 世纪 30 年代，印度高校图书馆学家阮冈纳赞就提出了著名的高校图书馆学五定律，即"书是为了用的，每个读者有其书，每本书有其读者，节约读者时间，图书馆是一个生长着的有机体。"这一论断，从本质上揭示了高校图书馆工作和发展中的两个核心问题：一是高校图书馆工作的基本法则——高校图书馆必须坚持读者第一、服务至上，贯彻全心全意为读者服务的宗旨；二是高校图书馆发展的重要规律——高校图书馆必须适应社会的发展和需要，不断审时定位，调整自我。

我们应该认识未来高校图书馆事业的发展趋势，根据现代读者的新需求，正视目前高校图书馆服务与读者需求之间的差距，从服务理念、服务内容、服务项目、服务方式、服务手段、服务对象、服务人员、服务环境等方面开展服务创新，这样才能顺应读者服务的发展规律，有效地提高读者服务工作的质量和水平。服务创新不是对高校图书馆传统服务方式的全盘否定，而是在新形势下对高校图书馆服务提出的新的更高的要求。

（一）服务理念人本化的要求

现代高校图书馆的服务理念在于以传播和传承人类的知识和文化为己任，继续深化"以人为本"的理念，提供个性化服务，提倡读者至上，服务第一的原则。网络经济的发展要求高校图书馆从根本上转变以"藏书为本"的思想，树立"以人为本"的全新的服务观念，实现工作重心的转移。将传统高校图书馆借阅书刊的读者概念，转变为在任何地点需要高校图书馆提供文献信息服务的用户的定义；将传统的在馆里等待读者来馆的服务方式转变为面向社会、主动提供有针对性、有选择的信息服务方式；由传统物理意义上的高校图书馆转变为现代化的广泛意义上的社会信息中心。最大限度地满足读者的需求是"以人为本"服务理念的最优体现。

（二）服务内容知识化的要求

随着高校图书馆读者信息需求意识和要求的不断提高，高校图书馆的服务的重点也从传统的一般性文献服务向知识服务转变。知识服务不是一般的信息服务，而是带有前导性的一种研究活动，是对信息资源的深层次开发和利用。知识服务的对象往往是决策机构、特殊读者，它以信息的搜寻、组织、分析、重组为基础，提供能够有效支持知识应用和知识创新的服务。因此，知识服务对促进知识的传递、利用和转化具有非常重要的意义。高校图书馆在满足读者一般性信息需求的同时，还要帮助读者从繁杂的信息资源中捕获他们需要的、对解决实际问题有用的信息内容，并将这些信息分析、加工、组合成为相应的知识解决方案，并进一步将这些知识固化在新科研项目、产品设计或管理机制中，以提高信息服务的知识含量。

（三）服务项目特色化的要求

网络化时代对高校图书馆馆藏及服务特色的要求将会更为迫切，也使其规模效益得到更大程度的发挥，当然也为其提供了更好的发展条件。网络环境下的文献资源共享将进一步强调各馆的特色馆藏，各馆为了增加自己的吸引力，确立自己在网络上的地位，就需要开发出自己的特色数据库，还要开发网上的特色信息源，以形成自己的特色馆藏。以此为基础，高校图书馆的读者服务将由一般的常规化服务更多地向特色化服务转移。开展特色化服务，将会更好地满足网络社会读者日益个性化的需求。

（四）服务方式多元化的要求

随着网络化技术在高校图书馆的广泛应用和社会公众日益增长的文化需求，高校图书馆必须改变以往单一的馆藏文献的外借和内阅的服务模式，利用现代网络平台提供各种数据库服务，知识库服务以及多种在线和离线信息服务。如信息推送、知识发现、网络呼叫等服务，这些服务方式、方法，具有较强的智能性、实时性、交互性，能够提供新的个性化服务，这种能够同时提供实体馆藏与虚拟馆藏的模式，极大地丰富了高校图书馆服务的内容，强化了高校图书馆的服务能力，满足了不同读者的需求。

（五）服务手段现代化的要求

在全面实现计算机管理和综合应用文献信息技术的现代化高校图书馆中，读者服务操作方法和技术手段的变化将休现在读者服务领域的各个方面。一是高校图书馆的多种光盘数据库、电子出版物、多媒体文献等自身就具备自动化的信息处理能力，可以进行各类有序化、规范化的检索，还可以实现多元检索目标的灵活组配，使读者找到满意的答案。二是高校图书馆利用现代技术使读者享受到智能化的信息服务。三是高校图书馆通过网络可以开展电子函件（E-mail）、电子文件传递（FTP）、联机公共目录查询（OPAC）。上述服务的用户界面友好、操作方便、直观易用。另外，更为先进的复制、缩微、视听等手段也是网络化高校图书馆读者服务中经常使用的。

（六）服务对象社会化的要求

网络环境下的高校图书馆，其本质是社会的高校图书馆。高校图书馆将是一种把电子计算机和通信网络联系起来的高校图书馆的集合，每个高校图书馆都是地区、全国乃至全世界信息网络的一个节点，高校图书馆将不再只是为持证读者或本单位、本系统的读者服务，所有的用户都能在任何时间、任何地点利用计算机检索终端和信息高速公路从网上获取各馆提供的所有文献和信息。读者工作的出发点和落脚点也从本校的读者发展到广阔的社会。服务对象的社会化，使高校图书馆从学校这个小圈子、小社会中走出去，融会到大社会中来，使高校图书馆与社会保持同步发展。

（七）服务人员专业化的要求

网络环境对高校图书馆员的知识结构提出了新的要求，在信息服务过程中由于知识和技术含量的加大，向智能化方向发展，高校图书馆员在工作方式、工作效率等方面将发生质的变化。由于信息媒体的多样化和分散化、网络资源的庞大化和复杂化、信息生产的广泛化和无序化，高校图书馆员将充当知识导航员的角色，通过收集、加工、整理网上信息，使无序的信息资源有序化，并辅导读者进行自助式服务。这就要求每个高校图书馆员必须加强本专业知识的学习，拥有过硬的基本功，熟练掌握和运用计算机技术，通晓英语甚至几门外语，具备信息获取和研究能力、信息生产和创新能力、公关交际能力和学术科研能力，不断探索、补充、更新知识，达到博学多识、专精博通、触类旁通，以满足读者日益增长的需要。

（八）服务环境人性化的要求

人性化的环境，不仅可以提高读者利用高校图书馆的兴趣和效率，还能超越其物质实体性而成为精神的、人为的审美世界，成为一种可以对读者施以教化的审美的文化环境。高校图书馆优美的环境和极具亲和力的氛围不仅能提高更多的读者利用高校图书馆的兴趣和效率，而且能对读者起到潜移默化的美育作用。馆内基础设施要突出人性化特点，为读者提供安静、舒适、稳定、亲切的阅读环境，使读者产生一种美的享受，从而达到心理上的愉悦和满足，取得间接的读书效果。

第二章 现代图书馆读者服务研究

读者服务是图书馆的第一线工作，直接面对大众。读者服务工作的好坏，直接关系着广大读者利用图书馆的程度。因此可以说，读者服务工作是图书馆联系读者的桥梁。

第一节 现代图书馆文献流通服务

文献流通服务质量的高低不仅关系到馆藏文献资源的开发和利用，而且直接关系到图书馆在读者心目中的形象。馆员要利用自己热情、耐心、细致的服务，为读者服务做到"书有其人、人有其书、为人找书、为书找人"，节省读者时间。同时，做好导读工作，了解读者的阅读倾向，及时向读者推荐他们喜闻乐见的图书。这样就增进了流通部工作人员与读者的相互沟通和了解，从而使流通部工作人员与读者之间建立起一座相互理解、相互信任、相互谅解的桥梁，真正做到让读者"高兴而来，满意而归"。

一、图书馆的外借阅览服务

外借和阅览是图书馆服务中最基本、最传统的服务。有人认为，现代图书馆的服务重点是信息咨询和对信息的深层次开发，外借和阅览不是图书馆的主要服务项目。但实际上，社会上的大多数公众正是通过这种方式利用图书馆的，图书馆也正是通过这种方式对公众的信息需求提供支持的。在传统图书馆中，一本新书从进馆到上架，要经过查重、分类、编目、上架等多道工序，耽误了大量时间，新书与读者见面已经是好几个月之后的事了，大大降低了知识信息的时效性。而在现代图书馆中，采编合一，有关图书的到馆、查重、分类、编目等各种信息可以通过馆内的管理信息系统快速传递和查询，让新书快速上架与读者见面，能够节省大量时间。

现代图书馆必须通过利用各种技术手段、现代管理制度，向读者开放全部馆藏，实行全开架管理。图书馆中的书是为了用的，而不是为了藏的，这一观点早在阮冈纳赞的"图书馆学五原则"中就已提出。可是，还是有很多图书馆，为了保存及工作方便，对读者利用图书馆进行了种种限制。

印度图书馆学家阮冈纳赞发表了著名的《图书馆学五原则》，这五项原则从表面上看很通俗，但实际上很深刻，它从根本上阐明了图书馆应该为之努力的目标。图书馆学五原则分别是：书是为了用的、每个读者有其书、每本书有其读者、节省读者的时间、图书馆是一个生长着的有机体。这五原则直到现在对图书馆的工作仍有着广泛的指导意义。

外借服务是图书馆传统的、常用的服务方式，它满足读者将书借出馆外自由阅读，独自使用的需要。

（一）外借服务类型

一是个人外借。二是集体外借，为群体读者服务。三是馆际互借，是为了满足读者阅读需要，帮助读者从其他图书馆借阅文献的一种方法。四是预约借书，对某些一时供不应求的图书，采取预约登记办法外借。五是邮寄借书，通过邮政通信手段，将读者所需文献邮寄给读者。六是馆外流通借书，通过馆外流通站、流动服务书车等手段为读者开展借阅活动。这些办法，各有所长，可根据具体情况，选择使用。

（二）外借服务方式

一是闭架外借。读者先写索书条，通过工作人员提取，并办理外借手续，读者不能进入书库随意挑选。二是开架外借，读者进入书库，自行挑选，办理手续后，即可将书携出馆外，自由阅读。三是半开架外借，将部分图书放置在特定的位置，读者可以看到书的封面，供读者指认、选择。

（三）外借服务管理

一是外借处的设置。对于馆藏文献数量、类型不多，读者也不很多的图书馆，可以仅设立综合外借处。但是，如果是大型图书馆，既可以设立综合外借处，也可以分别设立专门的外借处。二是建立一套完善的外借服务工作制度。规定有关读者登记、外借证的发放原则和方法，制定外借手续和步骤、外借书刊期限，污损、丢失书刊赔偿办法等有关规章制度。三是借书证的办理，包括个人借书证、集体借书证、馆际互借证。其中馆际互借是一个地区或几个地区、一个系统或几个系统开展的馆与馆之间互通有无的图书互借方式。这种办法既方便了读者，又充分发挥了馆藏的作用。

（四）阅览服务方式

（1）闭架阅览方式：读者所需文献由工作人员代取，不能携带出室外；

（2）开架阅览方式：读者自由挑选图书；

（3）半开架阅览方式：图书馆利用陈列展览方式，将部分流通量大或比较珍贵的文献放置在特制的可视书架上，读者指出所需图书，由工作人员提取。这种方式既方便读者，也有利于对书刊资料的管理。

二、视听服务

视听服务是图书馆利用视听文献和相关技术为读者提供文献流通服务的方式。视听文献，系指以磁性、光学材料为存储介质，通过专用设备视听其内容的像带、激光视盘、电影和幻灯片等。无论是国内还是国外，许多图书馆都把视听文献列为收藏对象，并开展各种形式的视听服务活动。视听文献主要有唱片、幻灯片、录音带、录像带、影碟、磁盘、激光视盘、激光唱盘及缩微胶卷等。它容量大、成本低、占地小，便于存储，易于检索，集文、声、图、像于一体，形象生动，受到读者喜爱。

三、复制服务

复制服务是以复制文献为手段，为读者提供服务的一种新的技术性服务方法。它是传统的"外借服务""阅览服务"的延伸和发展，也是图书馆为读者获取文献所提供的一条新的服务途径。

复制服务包括缩微复制法、静电复印法、电脑复制法（电脑拷贝法）。通过复制服务，读者花少许经费，就可将有些文献"据为己有"，大大方便了读者，节省了时间，是一种有效的服务手段。随着现代科学技术的发展，复制方法愈来愈多。

四、现代图书馆文献信息服务的自动化

现代图书馆信息技术应用的最终目的是为读者服务，主要体现在"服务"上。因此，当图书馆基础业务的自动化实现之后，要及时地、不失时机地尽快转入面向读者的文献信息服务的自动化。

文献信息服务自动化工作主要体现在以下四个方面：

（一）建立联机公共查询目录

OPAC 原意是指"开放的公共查询目录"，全称是 Open Public Access Catalogue，随着技术的发展而演变为"联机公共查询目录"。

根据图书的特性，在网上查找书目也有着不同的方式。其中最普及的查找方式有：书名检索、作者检索、ISBN 检索、年份检索、出版社检索。还有一些不常用，但十分重要的检索方法，如分类法检索、导出词检索、丛书检索、套书检索等，都可以在 OPAC 数据库里进行检索。

OPAC 的正确使用：如果读者在查找单书的同时能够给出相对多的检索项目，那么出现的检索项就少，找到所需书的概率也就更大。如果读者要查找一大类的书，比如有读者想了解中国的历史。就只需在 OPAC 的自由查找栏中键入"中国"和"历史"，这样所需的书目才能以最小的范围量出现。如果读者只在一栏中键入"中国历史"，那么有关"中国"和"历史"项目都会出现，比如，中国经济、中国文化、美国历史等和读者期待不相关的内容也会出现。还有一种简便的检索方法：分类法检索。读者可以通过所在图书馆的分类法直接找到"中国历史"这一项，再用相应的图书馆书籍编号去查阅具体的书籍。

（二）开展联合目录数据库服务

联合目录通常由若干文献收藏单位合作编制。事先须制定统一的著录项目和标准，明确收录范围。一般以一个或若干个收藏丰富的图书馆馆藏为基础，负责提供目录草稿，其他有关图书馆对此进行核对和补充，注明收藏单位，最后由编辑部汇总。采用计算机技术编制联合目录较为方便迅速，若干个图书馆共同建立联机联合目录数据库，除供联机检索外还可生产书本式和机读式的联合目录。

联合目录所涉及图书馆的范围有多大，资源共享的范围就有多大。

（三）馆际互借

对于本馆没有的文献，在本馆读者需要时，根据馆际互借制度、协议、办法和收费标准，向外馆借入；反之，在外馆向本馆提出馆际互借请求时，亦应借出本馆所拥有的文献，以满足外馆的文献需求。

馆际互借是各图书馆之间本着互助互惠原则，互通有无，互借对方文献，共同利用，彼此分享，以提高读者从整个图书馆系统获取文献的能力，同时也使各图书馆藏书得以充分利用，提高图书馆的效益。馆际互借是国外图书馆资源共享的主要方式。

（四）开展信息查询服务和开展参考咨询工作

其中包括设立多媒体导读系统，开展读者流通信息查询和公众信息查询等。图书馆参考咨询服务工作被国内外专家称为图书馆的"灵魂"与"心脏"，说明参考咨询服务在图书馆中的重要地位和作用。图书馆的参考咨询工作集中体现了现代图书馆的职能和特色，也是图书馆更新发展的关键因素。面向读者开展多种形式的参考咨询服务是图书馆文献信息服务的重要方式，如新书通报、定题情报服务、专题信息的回溯检索等。

第二节　现代图书馆的参考咨询服务

一、MOOC 环境下高校图书馆参考咨询服务

MOOC 是 Massive Open Online Course 的英文缩写，是指"大规模在线开放课程"，是一种在线学习的新模式，其特点主要有：参与课程的人数没有限制，动辄十几万人；只要连接互联网，任何人都可以免费学习在线课程；采用模块化的课程设置，教学内容以微视频（一般在 10 分钟左右）的方式展示，学习者有更多的学习自主性和灵活性，适合碎片化学习；实现了教学活动的全程参与，基本上形成了注册、听课、课堂测试、完成作业、讨论、考试、结业、发放证书的学习流程。MOOC 自 2012 年在美国顶级名校掀起浪潮，随后席卷全球，成为网络时代人们获取信息和学习知识的一个新途径，也是优质教育资源

共享的一种新方式。高校图书馆的主要职责之一就是为教师的教学和学生的学习提供更好的信息和技术服务，理应积极参与到对 MOOC 的支持服务中，MOOC 环境下如何做好高校图书馆的参考咨询服务应该引起关注与思考。

(一)MOOC 环境下高校图书馆参考咨询服务的特点

1. 服务广度——泛在性

MOOC 环境下，用户通过在线观看教学视频、查阅资料的方式进行自主学习，他们希望在任何时间和地点都可以用便携式设备获取所需要的信息资源。这就要求图书馆树立"有需求就有服务"的理念，增强参考咨询服务的主动性，将其融入用户活动中，提供更加泛在性的服务，使用户能够随时随地利用图书馆的服务。

2. 服务方式——多元化

MOOC 环境下，用户通过网络远程访问图书馆的频率增加，对可以实时获得帮助的自助式咨询服务需求更为迫切。伴随着智能手机、平板电脑等新兴电子产品的普及和用户对一些新媒体的喜好，微博咨询、微信咨询、QQ 咨询、移动参考咨询等也应运而生。开展基于 MOOC 平台的视频咨询也会受到用户的欢迎，因为视频演示会更加直观，便于理解。MOOC 环境下，用户地理上的分散性和人数规模使合作参考咨询成为必要。为了让用户更加便利和高效地获取到服务，可成立参考咨询团队或由多个图书馆构建参考咨询联盟，协同为用户提供服务，这样不仅能够满足用户全方位、多学科的信息需求，同时还能够延长服务时间。

3. 服务层次——学科化

高校图书馆参考咨询服务的目标是为教学科研、学科建设服务，既要满足广大师生的一般需求，又要满足一些个性化的深层次需求。学科服务是深化参考咨询服务的一项重要举措，而 MOOC 则为参考咨询服务嵌入课堂、深入学科提供了新的平台。MOOC 环境下，用户需要的可能不仅仅是文献线索，应该还包括能够直接解答用户问题的知识单元或方案。

4. 服务内容——新内涵

MOOC 环境下，参考咨询工作又增添了新内容，参考咨询馆员要熟悉 MOOC 及其相关内容并开展有意义的参考咨询活动。MOOC 是一个面向全世界用户的开放平台。国家科学图书馆前馆长张晓林曾说："面对开放获取，研究型图书馆应当主动介入、积极引导、创造未来，积极探索开放信息资源的新服务新能力。"一方面，图书馆可以利用其在资源使用方面的优势为教师在 MOOC 平台的教学提供素材，也可以提供资源合理使用和知识产权保护方面的意见和建议；另一方面，可以利用其资源组织与推广方面的优势，让更多的用户了解和使用优秀的 MOOC 课程。另外，MOOC 的运行需要一定的技术支撑，主要涉及设备使用指导、设备故障排除、软件使用问题解决等，比如有的图书馆为用户提供视频制作及剪辑方面的指导。参考咨询馆员需要不断加强学习，了解新技术、利用新技术，从用户的角度出发，评估技术、推介技术，为用户提供更好的技术支持服务。同时，新技术的使用对参考咨询服务创新也有很大的推动作用。

(二)MOOC 环境下高校图书馆参考咨询服务策略

1. 嵌入 MOOC 课程服务师生

高校图书馆应积极参与学校 MOOC 课程的建设，可以以助教的身份跟踪课程，提供嵌入式服务。一方面可以为教师提供教学资料，同时帮助教师在利用 MOOC 平台进行教学时注意版权保护，合理使用资源，同时还可以提供 MOOC 教学相关的软件工具支持；另一方面可以在讨论区发出自己的声音，帮助学生获取相关学习资料，也可以通过对教学过程的互动来分析用户需求，有针对性地主动推送资源。图书馆还可以利用其在数字资源保存方面的经验，提供 MOOC 课程资源的长期保存及检索服务，并将其作为学习资源供广大师生重复使用。

2. 为用户使用 MOOC 提供帮助

MOOC 作为一种新型的开放网络学习资源，高校图书馆应该予以足够的重视，让更多的师生了解和利用 MOOC。图书馆可以定期收集整理不同平台上的国内外优秀 MOOC 课程，按学科分类，将开课时间、课程名称、开课学校、授课教师等信息推荐给用户，方便用户查询。一些高校图书馆已经开展了这方面的工作，如中国科学技术大学图书馆在"查找文献"栏目下设置了"查找网络公开课"，整理了国内外网络公开课平台列表。图书馆还可以参考一些 MOOC 导航平台的做法，比如爱课程网的"中国大学 MOOC"、果壳网的"MOOC 学院"、网易云课堂等，提供 MOOC 课程的索引、评价、推荐等功能。此外，有条件的图书馆可以考虑免费向用户提供学习终端设备的使用，方便用户学习 MOOC 课程。MOOC 时代下，虽然随时随地都可以学习，但图书馆有充足的服务空间。作为 MOOC 学习空间的提供者更容易营造学习氛围，并提供现场交流、讨论等"增值服务"以及与之相关的各种参考咨询服务。

3. 利用 MOOC 开展信息素养教育

MOOC 环境下，信息资源越来越多样化和复杂化，需要用户具备较高的信息素养水平。图书馆可以为用户提供信息获取、信息管理等方面的技能培训，既可以现场培训，也可以借助 MOOC 开展在线教学。由于 MOOC 的交互性、开放性、灵活性、互动性，其在信息素养课程教学中具有不可替代的优势。随着国内外大学开设 MOOC 热潮的到来，开设大学生信息素养系列 MOOC 不仅必要，而且已经是大势所趋。国内信息素养教育方面有代表性的 MOOC 有：武汉大学黄如花开设的《信息检索》、中国科学技术大学罗昭锋开设的《文献管理与信息分析》、清华大学林佳开设的《信息素养——学术研究的必修课（通识版）》等。MOOC 强调的是用若干个"微视频"分别展示课程内容中的知识点，单个课程视频时长短，便于分解难点和集中学生的注意力，也便于学生自由安排学习时间，提高了学习效果。MOOC 环境下，对于很多问题的解决用户更倾向于自己通过网络寻找答案，图书馆要建立和维护"常见问题答复"数据库，便于用户直接查询。图书馆可有针对性地将信息素养教育小视频嵌入到其他学科的 MOOC 课程，方便特定用户学习；也可开发与一些课程及学科相关的学科信息素养教育小视频，提高相关学习者的学科信息素养；还可以借助一些名校名师的 MOOC 课程开展信息素养教育，尝试翻转课堂教学，让教师能有更多的时间与学生讨论，引导学生积极思考、主动学习。

4. 提高参考咨询馆员的素质

参考咨询馆员不仅应有强烈的信息意识和较高的信息处理能力，还应具备较高的综合素质，善于与用户交流，熟悉图书馆资源情况，熟练掌握各种参考信息源，特别是网上参考信息源的使用方法，具备良好的网络技术和计算机操作能力。MOOC 的出现给参考咨询馆员提出了更多的要求，如为特定学科提供深层次、个性化的咨询服务。学科馆员具有一定的学科基础，是 MOOC 环境下实施参考咨询服务的主力军。图书馆应鼓励参考咨询馆员特别是学科馆员不断探索学习，提高对可用信息资源的整体把握能力。参考咨询馆员也可将 MOOC 作为继续教育的重要手段，选修相关 MOOC 课程，并在学习中融入课堂，了解服务对象的需求，这样工作起来会更加得心应手。

5. 优化参考信息源

参考信息源是从事参考咨询服务的基础和保障，卓有成效的参考咨询服务必须依赖高质量的信息源。MOOC 环境下的参考信息源突破了传统的"馆藏"概念，向包括网络信息资源在内的全球性数字化信息资源发展，并呈现多样化的态势，除了传统文献类型外，电子版、视听版、网络版文献等都成为解答咨询的重要信息源。参考咨询馆员要熟悉和掌握参考信息源的使用，同时要协助做好图书馆参考信息源的建设工作。高校图书馆要了解学校的学科建设动向，围绕学校的教学科研工作进行学科资源建设，注重提高馆藏资源质量，突出学校学科特色，同时加强馆际合作，促进馆际优势自补。图书馆应积极参与学校的自主 MOOC 平台开发，实现资源与平台的顺利衔接，倡导有偿资源的合理使用和开放获取资源的有效开发，做好资源保障和服务工作。值得一提的是，开放获取资源因其免费开放的特点更适合作为教学辅助资料放置于 MOOC 系统中。

6. 开展移动参考咨询服务

MOOC 环境下，用户对图书馆参考咨询服务的泛在化需求变得更加强烈，而移动互联网技术的发展也为此提供了更为广阔的适用环境和技术支持。2015 年 8 月 14 日发布的国内首份中国城市阅读指数研究报告显示，随着手机等阅读介质的兴起，阅读外延明显扩大，手机成为第一阅读途径。移动参考咨询服务是为满足用户通过使用手机、平板电脑等移动终端随时随地都能享受到图书馆参考咨询服务的需求而推出的一种新型参考咨询服务。有条件的图书馆可结合本馆的手机图书馆开展移动参考咨询服务，也可利用手机即时通信工具进行咨询。

MOOC 是一种新兴的教育模式，仍在发展之中。高校图书馆作为一个为教学科研提供教学辅助和信息保障的机构，必须密切关注并主动参与，在 MOOC 环境下发挥自己的服务与教育职能，以提升图书馆的存在价值，延伸图书馆的服务范畴，其参考咨询服务工作也应审视新的变化和应对新的需求，帮助用户解决信息资源利用过程中的各种问题。

二、基于智库理念的图书馆参考咨询服务

从智库本身性质出发，其主要是通过对于政治、文化、经济等方面的内容研究，提供具有参考价值的咨询信息或决策依据，智库由各个学科领域的专业人士构成的，也包括了高等院校、企业以及各级政府组织等。而图书馆是知识传播、整合文献资源以及拥有丰富的文献储备和大量参考咨询信息的数据库，同时也是可以利用学科专家资源为不同的用户提供多样化的服务的一种服务平台。随着数字技术应用领域的不断发展，人们对于信息资源的应用需求也不断地增大，所以图书馆更应增加自身的服务模式，与各科专家合作，来不断拓展图书馆的服务领域。

（一）智库理念的性质与服务方式

首先智库简单点说就是指那些不以营利为目的的且独立于政府之外的研究型结构，其主要的研究是为公共政策，为政府决策提供有力的建议和依据。另外对于智库的理解可以从服务、知识认定以及机构性质等方面进行分析，总结起来可以看作信息多元化发展下，形成的可以提供信息咨询与决策的参考的主要功能。

另外对于智库的服务方式来说主要包括了资料的搜集整理、信息统计分析、定制推送服务等。资料的搜集整理顾名思义便是对于一些信息自己进行搜索、整理，并同时进行归类分析，然后获得有价值的历史资料。通过搜集各方面的资料，智库的研究者可以发现深层次的信息，并为开展专项研究提供参考。同时很多智库根据搜集的数据资料构建了具有特色的专题数据库，并确立了研究目标与范围，这也为其提供高端服务创造了条件。

信息统计分析，是指对于信息来源的分析，包括了需要对所获取的信息资料进行统计分析。一般系统分析法和德尔菲法较为常用，主要是通过智库进行各种文献资料的收集，然后对这些资料的内在联系与具体处理方法进行分析，这就是系统分析法。德尔菲法是通过与多名专家进行沟通后了解其意见，然后再分析出符合市场发展趋势的结论。

定制推送服务，是为了更好地吸引客户，智库借助于各种信息技术进行检索、利用不同类型的信息满足智能筛选出来的用户需求的一种服务方式。

（二）图书馆咨询服务在智库理念下的构建

随着信息化时代的发展，人们对于信息服务的需求越来越大，虽然图书馆拥有着大量的书刊、报纸等信息资料，但是仅可提供一次两次的服务，远远无法满足人们的需要，随着智库理念的发展，图书馆的转型发展得到了新的机遇，构建智库咨询的个性化服务是未来图书馆发展的方向。

1.服务对象的构建

对于图书馆来说没有用户的支持是很难运行下去的，尤其是图书馆的智库系统。图书馆服务的构建对象首先是政府机构，目前政府正在推行决策研究与决策研究制定的外包系

统，所以对于政府机构来说通过图书馆的智库系统可以搜索任何想要得到的信息，既方便又实用；对于图书馆来说政府作为有影响力的机构成为自己的服务对象，很大程度上提升了自己的影响力。其次图书馆还可以为企业、公司以及社会的团体组织提供咨询服务，这部分用户对于信息获取的知识面较窄，所以可以利用图书馆丰富的资源信息以及人才优势为这些用户提供信息服务。总之图书馆服务对象涉及方方面面，为了更好地提供服务，更好地进行智库系统的运转，除了自身系统的完善，还需要更多用户的支持。

2. 信息资源的构建

为了更好地运转图书馆智库系统，除了需要服务对象的支持，更需要的是本身信息资源的丰富，除了目前已经公开发表的文献信息外，智库图书馆还应具备网络信息资源、灰色文献以及教育资源。其中教育资源和网络信息资源在图书馆信息库中需求量较大。对于企业和组织来说，网站上出现了具有自身特色的知识库以及产品库，里面包括了知识产品以及知识解决方案。对于高校来说教育资源可以搜索到课件资源、教案、题库等，具有很高的参考价值，所以对于图书馆开展智库型服务来说具有极高的利用价值。

3. 咨询服务的构建

为了更好地服务于用户，智库图书馆系统，应该针对人员不同开展不同的文献研究，吸收文献中的精华，尤其是对于高质量的文献，可以组织智库人员根据自己专业的特点进行相关报告的撰写，从而建立具有针对性的、应用性的、预测性的咨询服务。图书馆在保证服务质量的同时，如何更好地进行人文关怀？做好知识的推送，是客户在进行资料查阅的同时，系统主动推送最新调研结果，可以更好地留住客户。此外为了使智库与服务得以反复利用，可以做好知识库的建立，尤其是一些高端论坛、讲座等信息发布后，做到信息收集的同时，进行研究成果的整理和储存，可以提高智库图书馆咨询服务的建设水平，提升社会各界对于智库图书馆的认同。

三、新信息生态环境下的图书馆参考咨询服务

图书馆体系与所处社会环境体系相结合构成了图书馆生态系统。在这样一个生态系统内，图书馆作为一个成长的有机体，其自身结构和功能都在不断进行着自我扬弃和发展；图书馆所处环境的变化，特别是信息环境的变化，也极大地影响着图书馆的存在方式及其职能的体现。在这样的背景之下，图书馆参考咨询工作也面临着重要的发展抉择。如何在新的图书馆生态体系内，合理利用可调动的文献、人力和财力资源，顺应新信息环境下图书馆信息服务的新变化，充分发挥参考咨询工作乃至图书馆整体服务效能，已成为一个必须正视并妥善解决的问题。

（一）图书馆信息生态环境的变化

信息生态是信息—人—环境之间关系的总和。新生态图书馆信息环境的发展和变化情况，在这些要素及其关系的变化中得到了充分的体现。

1. 文献信息资源数字化程度提升显著

美国图书馆学家 I.G.Mudge 曾将参考咨询工作的基本要素归结为资源（Material）、精神（Mind）和方法（Method）。这一精辟归纳明确指出了文献信息资源在图书馆参考咨询业务中的重要地位。文献信息资源的配置情况、存在方式和揭示程度在很大程度上决定了咨询结果的准确性和完整性。

对图书馆而言，文献信息资源的质和量在近几十年的时间里都发生了根本性的变化。1971 年 7 月《美国独立宣言》数字化版本制作完成标志着电子书作为一种全新文献载体形式的出现，以"古腾堡计划"为代表，拉开了图书数字化进程的帷幕，公共领域的纸本书转变为数字形式的电子书，内容形式也不再局限于文本，还包括音频和视频等多媒体形式。此后，出版商、数据商和图书馆都先后加入文献信息数字化的潮流当中，并不同程度地推动着这一进程的发展。

尽管数字化文献存在着技术标准不统一、资源垄断性相对较强、缺乏可靠的长期保存方法及虚拟馆藏资源保障稳定性较差等诸多问题，但是已经有越来越多的图书馆倾向于把文献资源建设重点向电子资源倾斜，在缓解自身文献储存和维护等方面压力的同时，为用户提供更为多样和便捷的文献服务形式。

文献资源的数字化极大地改善了信息传播的便捷程度，降低了单位数量文献保存和使用的成本，也延长了相应文献在服务过程中的生命周期。这些变化对于用户能够更为便捷地发现和利用文献信息资源提供了极大便利。但是基于同样的原因，用户在文献信息资源检索过程中，所需信息与大量的冗余信息相互掺杂，信息过载现象又成为人们在当今的信息生态环境中最大的困扰。

2. 媒体与信息素养变化明显

信息素养是一种懂得如何查找、评价和使用信息，有效地解决特定的问题或做出决定的能力。随着社会信息化程度的加深，信息环境的变化迫使人们越来越频繁地应对各种信息问题，信息素养也因此成为在现代信息社会中生存和发展的基本要求和能力。这也是社会公众以及为社会公众提供信息咨询服务的参考咨询馆员所共同面对的问题。

早在 2003 年 1 月，美国图书馆协会下属的参考与用户服务协会（RUSA）就颁布了《参考咨询及用户服务馆员的专业能力》报告，报告对参考咨询及用户服务馆员的专业能力分别从信息获取能力、知识储备能力、推广营销能力、服务协作能力以及资源与服务的评估能力等五个维度进行了论述，每个维度又细分若干具体细则。这份报告作为对图书馆参考咨询馆员专业素养的培养与评估具有重要参考价值的纲领性文件，其对参考咨询及用户服务馆员专业能力的有关信息素养方面的要求成为最为突出的内容。

随着社会信息化程度的加深，人们逐渐认识到，就迅速准确地获取有用信息而言，掌握传递信息的渠道、工具、载体及技术手段的重要性并不亚于所需信息本身。2014 年 3 月，联合国教科文组织发布了《媒体与信息素养：策略与战略指南》报告，首次将媒体素养与信息素养置于同等地位，并提出了媒体与信息素养这样一个全新的复合概念。这份报告的颁布，不仅充分表达了联合国从国家与地区层面上推进社会公众全球媒体与信息素养发展的战略意图，报告本身也代表了人们对当今社会信息环境变迁认知和研究的最新成果和共识。

3. 面向社会公众的信息服务环境逐渐多元化

伴随着数字化发展进程，以互联网为代表的新的技术手段和工具的应用，极大地改变了图书馆的用户构成和服务方式，使公共信息服务环境发生了深刻的变化。

首先，信息服务去中介化趋势明显。基于历史的原因，图书馆成为汇集、保存并传承人类智慧的重要机构，但是随着文献信息载体冲破实体介质的束缚，更多地以数字化方式存在并服务于公众时，有越来越多的机构凭借其数字化文献收藏而成为文献信息服务机构的新成员。文献信息服务机构多元化的趋势所造成的一个直接后果就是文献信息服务的去中介化越发明显，越来越多的出版机构和数据库商不满足于通过图书馆这样的中间机构向终端用户推广其服务和产品，而转为直接面向最终用户开放服务。多元化的信息服务机构与服务形式固然为用户提供了更多的文献信息获取渠道，但由于其在信息服务过程中去中介化作用明显，对用户借助专业途径深入挖掘文献内容以及图书馆充分发挥其文献信息服务职能都在一定程度上构成了挑战。

其次，用户体验得到空前重视。随着 Web 2.0 这一概念迅速在全球传播，为用户提供个性化、交互式服务成为备受推崇的新的软件功能设计要求，在此背景之下，BBS、博客、Wiki、微信等多种交互式服务平台坏境得到迅速普及，与此同时，如何在 Web 2.0 环境下建构用户关系的新模式也成为了一个重要的话题。

以人们通常的阅读行为为例，随着电子书的日益普及，硬件商和出版商已经开始利用数据分析方法，确定人们利用电子书在阅读什么内容以及如何进行阅读，通过分享分析数据，出版商可以做出更有吸引力的电子书，硬件商则可着手调整电子书的展现形式，从而为用户带来更好的阅读体验。由此可见，在新信息生态环境之下，软件设计理念的变化以及技术手段的丰富，使信息服务机构在服务过程中，通过动态把握和分析用户信息行为特征，从而采取更为主动和有效的方法，适时调整和完善用户体验不仅成为现实的可能，也成为服务得以稳定开展的必要条件。

最后，信息服务进入全媒体时代。媒体是承载和传递信息的载体。数字化新媒体反映出信息载体的发展和丰富，富媒体作为一种信息传播方法极大地丰富了信息内容的表现形式，自媒体在信息传播过程中带来了革命性的变化，快媒体使信息传播的时效性得到质的提升，跨媒体体现了媒体之间的合作、共生、互动与协调。全媒体则成为人类现在掌握的信息流手段的最大化的集成者，这也是信息环境变迁的一项显著特征。

全媒体时代给图书馆信息服务带来了巨大的改变，有学者将其归纳为文献典藏更多元，图书馆服务更多样，文献获取更个性，读者学习更便利，服务管理更高效，服务链更广泛，服务布局更均等等具体特征。这些特点表明，在新信息生态环境下，尽管单一传统媒体的表现形式依然重要并且保有强大的生命力，但其已很难独立地发挥作用，而只是在全媒体传播体系中充当了重要的组成部分。对单一传统媒体的整合运用已经成为信息服务的重要方式和手段，信息服务已经进入了多元化时代。

（二）新信息生态环境下图书馆服务变化发展趋势

技术的发展以及由此产生的信息环境的变化，为图书馆信息服务的延续和进一步发展提供了充分的拓展空间和更高层次的平台，但对于图书馆而言，这种变化首先带来的是对自身既有服务模式的巨大冲击，促使图书馆界在信息服务领域发生了深刻变化，这些变化趋势主要体现在以下几个方面。

1. 图书馆信息服务将突破原有内涵和外延的界定，呈现出以信息服务为核心，以与信息服务相关联的图书馆其他业务为辅助的综合性服务特征

早在 2011 年 6 月，大英图书馆就与 Biblio Labs 公司合作在 iPad 平台上推出了"大英图书馆 19 世纪历史典籍"App 应用程序，世界各地读者只需每月支付 2.99 美元即可阅读到大量从内容到形式都近乎以原始形式展现的历史古籍，该项服务推出后，资源内容和服务规模扩展迅速，并于翌年获得了卓越出版创新奖。

该项目的出现和成功表明，以自媒体及其应用为代表，传统意义上的文献生产、出版和发行等环节，已经从由不同角色分工协作完成而转向三位一体，信息生产者与服务者职责边界的交融，使图书馆信息中介功能受到越来越多的不同类型机构的冲击，原属于图书馆传统服务范畴的服务职能势必在一定程度上被替代，图书馆在社会信息服务体系中的中介功能需要更为丰富的内涵。图书馆需要与上游信息生产者和其他信息传播链条中的角色相结合，这不仅可以强化图书馆应对生存压力挑战的能力，更有助于图书馆在不断变迁的信息环境中寻找新的服务定位。

2. 特色优质文献资源建设仍为图书馆基础业务建设的重心

面对各类信息服务机构并存的现状，单一类型服务机构一统天下已无可能，图书馆跻身各类信息服务机构并能有所发展的一个重要前提就是自身拥有不可取代的特色资源和服务。根据图书馆自身优长和需求，设定重点专题领域进行信息资源内容的深度挖掘和建设是确保图书馆资源与服务特色的根本。

近年来，世界各国图书馆先后颁布阶段性发展规划，如《美国国会图书馆 2016—2020 战略规划》《美国公共数字图书馆 2015—2017 年战略规划》《英国国家图书馆馆藏元数据 2015—2018 年发展战略》《澳大利亚国家图书馆 2015—2019 合作计划》等文件，均从不同侧面对本图书馆馆藏资源阶段性建设内容提出了明确的目标，以期通过这种方式实现差异化发展、培育自身优势和彰显价值所在。

3. 图书馆信息服务伴随着我国社会发展需求，将由传统的图情双轨向图情一体化转变

在国家标准《学科分类与代码（GB/T 13745-2009）》中，图书馆学与情报学是属于同一学科分类下的两个并列的二级学科，在传统的高等教育体系中，两者分属不同专业方向，

有着各自的课程体系，在社会分工中，图书馆和情报所也分属不同行政系统，呈现出双轨并行的状态。尽管如此，图书馆学和情报学间有着密切的关联，两者之间在信息检索、信息服务和信息基础理论等方面有着很多交叉，而这些恰好是图书馆参考咨询工作的重要组成部分。

传统图书馆的信息服务，其服务形态大多为图书借还这类基于文献物理载体的介质转移服务，随着社会信息化程度的提高，图书馆信息服务已经从文献提供逐步向内容服务转移，信息服务内容的特定性与专指性已经成为以参考咨询服务为代表的图书馆信息服务的典型特征。图书馆信息服务中介功能的体现，越来越多地反映在将广泛分布在各类文献中的隐性知识加以显性化的服务过程当中。数据管理支持、统计与分析咨询等也开始成为图书馆的常规服务内容。在这样的业务工作环节中，情报学的方法论和工具在图书馆信息服务中的应用变得越来越普遍，图书馆信息服务也逐步向知识服务方向发展，图情一体化趋势日渐明显。

4. 立法与决策服务在今后一个时期内成为图书馆开展参考咨询服务的牵引力和重要内容

我国公共文化事业的发展，促进了传承文明、服务社会的价值取向在越来越多的图书馆得以体现。与之相对应，随着国家立法与决策科学性和民主化的日益提升，作为服务社会的最高形式——面向国家机关的决策咨询服务的探索与实践，近年来在图书馆业界得到了越来越广泛的重视和开展，立法与决策机构对信息服务的需求持续增加，图书馆立法与决策服务规模和服务水平也有了长足的进步，政府主管机构对图书馆开展该项服务也提出了明确要求和具体考核办法，这势必在今后一个时期内，为图书馆参考咨询业务的发展提供新的牵引力和契机。

5. 图书馆信息服务的发展将会更多地呈现出跨越式或者跳跃式发展的趋势

由于历史和自然条件等方面原因，我国图书馆事业发展不平衡，地区性差异巨大，为促进我国文化事业的建设和发展，自21世纪初开始，我国在加大文化投入、积极推进图书馆硬件建设的同时，还先后启动了全国文化信息资源共享工程、电子阅览室工程和数图推广工程等一系列数字文化工程，利用先进的信息技术服务手段，跨越数字鸿沟，努力减少因经济发展不平衡而导致的对公民文化生活的影响。这些数字文化工程项目的实施，有助于帮助经济欠发达地区建立起公共文化服务体系，迅速在网络建设、系统建设、资源建设、人才队伍建设、服务建设和技术标准建设等方面达到一个相对较高的水准，并利用后发优势，结合地区特色，打造图书馆特色服务和产品，实现信息服务发展的跨越式或者跳跃式发展。

6. 图书馆营销将成为深化和发展图书馆信息服务的最有效途径

作为公益性机构，图书馆营销主要是通过公关宣传手段，吸引更多社会公众了解并使用图书馆的资源和服务，同时努力争取募集资金和文献资源以充实自身的馆藏和服务能力。作为公共文化服务机构，图书馆在公共领域的知名度和被认可的程度，在很大程度上决定了图书馆存在的合理性和必要性。早在 1876 年美国伍斯特公共图书馆馆长塞缪尔·格林提出图书馆开展参考咨询工作的理由时，就已经提出应在社区中推广图书馆这样的带有图书馆营销理念的观点，这也从另一个侧面印证了公知度对信息服务的重要意义。特别是在当前社会信息传播高度发达的情况下，如何能够顺应时代发展而不被淘汰，图书馆必须随社会变化而动态地把握用户需求变化，调整和完善自身定位，争取更好的资源条件保证自身运转、扩大服务规模并确立良好的社会形象，这其中每一个环节都需要图书馆借助营销的理念和方法来提升效能。

（三）新信息生态环境下参考咨询工作的应对策略

与信息生态环境变化相伴，新技术、新媒体和新方法不断涌现，丰富了图书馆开展参考咨询业务的工作方法、服务工具和技术手段，同时社会公众在获取信息服务和利用文献信息时也拥有了更多的自主性和选择空间。对于图书馆而言，在新的信息生态环境下，如何重新认识和把握参考咨询业务的属性和特征，主动适应用户需求的变化，调整和完善服务策略，以应对信息环境变迁所带来的挑战，是一个必须面对和解决的问题。

从图书馆参考咨询服务产生和发展历程中可以看到，这项服务的一个基本属性就是图书馆为用户提供的个人帮助，参考咨询业务也大多基于这样的认识进行服务设计。图书馆参考咨询服务经历了 100 多年的发展，业务信息生态环境已经发生了深刻的转变。在参考咨询业务表现形式上，虽然很多服务依然是以图书馆为用户提供个人帮助的形态呈现，但是其业务基础和用户关系都已发生了质的转变。

在业务基础方面，传统参考咨询工作的业务基础主要来自两个方面，即图书馆员对用户及其需求的把握，以及图书馆员对于参考信息源及其检索方法的了解和掌握。这也是长久以来将参考咨询服务定位于图书馆员与用户之间建立的"个人关系"的原因所在。信息技术的快速发展和广泛应用，为图书馆参考咨询业务更好地在新的信息环境下长足发展提供了有力支撑。数据库技术、数字图书馆技术、网络与无线通信技术、大数据采集及分析、人工智能和云服务等技术的应用和普及，不仅使参考咨询服务获得了强有力的业务基础条件支撑，也改变着这项工作的业务组织形态和服务策略。参考咨询业务已经告别了以参考咨询馆员个人业务能力为依托的时代，而将工作重点转向数据挖掘、关联分析和个性化服务等方面，通过强化对参考咨询馆员的业务支持，实现整体业务能力的拓展和提升。

在与用户关系方面，传统参考咨询中参考咨询馆员充分发挥自身业务技能，充当了用户与文献间的中介角色，无论是对于参考咨询馆员还是用户，咨询项目大都属于偶发的零散服务，项目之间缺乏有机连接。随着社会信息化程度的提高，在泛在的信息环境内，人们很自然地会产生对泛在的信息服务的要求，也即用户在有信息需求时可以在自己所处的地方接收信息资源和服务。从参考咨询服务设计角度来看，这就要求图书馆必须建立起新型的用户关系，将自己的服务嵌入用户信息活动的全过程，而不再只是针对用户信息需求的部分阶段提供服务，依据这样服务情形建立起的参考咨询馆员同用户的关系也将不再是中介关系，而是合作与协同关系。

基于上述分析和判断，面对新的信息生态环境，图书馆需要特别关注以下几个方面的问题，以完善参考咨询服务策略，建立起更具效能的服务。

1. 注重资源的整合与揭示

对于图书馆而言，资源整合与揭示并不是一个新课题，但是在信息生态环境下，图书馆资源整合与揭示的着眼点应从文献的最小物理单元转向文献内容本身，也即细化文献揭示的颗粒度，注重文献间关联关系的揭示，致力于将隐形信息显性化，从而为用户提供更具针对性的内容服务。

2. 丰富信息服务的内容与层次

用户的信息需求是全方位、多层次的，无论是最简单的文献提供服务，还是基于复杂计算的内容分析，服务的价值和意义并不因用户需求知识含量的不同而有差异。因此，新的信息生态环境下图书馆的参考咨询服务，应是在巩固既有服务的基础上，努力拓展信息服务的深度和广度，丰富所能提供服务的内容与层次，建立起相对完整的信息服务链和产品链，在满足用户不同层次的信息服务需求的同时，有助于启发和引导读者更为全面地利用图书馆的资源和服务。

3. 强化用户信息行为的数据收集和分析

以用户为核心的服务理念早已为图书馆界所普遍接受，但是如何将这一理念在服务中加以体现，在不同图书馆间却存在着巨大的差异。落实用户核心服务理念，使用户获得最好的服务体验，需要图书馆有能力精准定位不同类型用户群体与图书馆各项服务之间的关联，并结合图书馆环境和条件，制定相应服务策略，有针对性地提供服务。在这个过程中，收集用户信息行为数据并加以分析是最为基础的工作环节，通过这项工作，可以准确和动态地把握用户需求及其变化，在最大程度上减少图书馆服务设计的主观性和盲目性。

4. 积极促进服务协作

开展服务协作，可以帮助图书馆在人力资源、馆藏资源和读者服务等领域，最大程度上发挥优势资源的潜能，克服本馆的局限性，分享服务经验、拓展服务能力、提升服务水平，实现资源配置效益的最大化。

5. 完善图书馆评估体系

绩效评估与成效评估是评估工作的两种类型。前者关注图书馆投入、产出与效率的评估，后者则是关注对图书馆服务影响与效果的评估。两者都是图书馆服务质量评价不可缺少的重要组成部分，也都分别建立起了较为完善的理论体系与规范化的测评程序或技术标准。历史上，图书馆评估多侧重于绩效评估，但是绩效评估并不能帮助图书馆准确把握图书馆将自身服务诉求施加于服务对象后的用户感受，而成效评估则采取通过客观指标量化用户服务体验主观感受的方式，准确判断图书馆的服务效果。对用户及其信息需求的满足是图书馆信息服务的出发点与归宿，将绩效评估与成效评估相结合，构成相对完善的图书馆服务评估指标体系，对提升用户体验，改进图书馆服务建设都具有重要的现实意义。

第三节　知识服务理论及服务内容创新

一、知识服务的内涵

知识经济社会的迅速发展、社会和用户对知识的迫切需求，都促使图书馆在知识的组织与管理、资源的提供与服务形式与方法等方面进行改革。图书馆传统的信息服务工作受到了严峻的挑战。知识服务的价值在于为用户提供服务的知识含量。用户利用图书馆最关注的是能否从繁杂的知识信息资源中捕获到能解决所面临问题的知识信息。

二、知识服务的宗旨

图书馆知识服务工作应以"用户问题的解决"为服务宗旨。但是网络用户千差万别，要满足每个人的知识需求是不可能的。可以采取服务宗旨分层模式。可将目标分为四层：一是为解决问题提供线索；二是为解决问题提供文献保障；三是为解决问题提供可供选择的程序化知识或过程；四是为解决问题提供方案。根据用户问题的解决程度，判断知识服务的效果，亦可分为四层：没有解决，部分解决，接近解决，完全解决。

三、服务内容的创新

（一）开展网上信息服务

面对网上浩瀚的信息资源，读者要想获取所需的信息并非易事。因此，图书馆要充分发挥文献信息服务中心的作用，对网上的信息资源进行收集、整理、研究、加工，不断拓展和深化图书馆信息服务的功能，努力为读者提供网上信息服务。

（二）开展网络信息导航

随着信息时代的发展，信息环境的变化，读者对于信息的获取更加方便快捷，人们甚至足不出户，只需登录信息图书馆的网站，便可查找到自己想要的信息内容。显然，图书馆这种信息导航的功能在网络时代得到了强化。信息导航作为图书馆的传统优势，也在信息时代继续发挥着自己强大的作用。

图书馆可以在自己的网页上建立网络导航系统，把读者常用的数据库地址或相关的资源预先汇集起来，并对网上有用的信息资源进行分类、加工，引导读者正确上网检索。读者在图书馆网络导航系统的指引下，能够快速找到所需的关于某一专题的网址或数据的集合等信息，也可以从一个网站直接漫游到导航链接的互联网的各个角落。

（三）开展网络教育

图书馆工作者要善于利用网络的优势，积极开展对网络用户的培训与教育工作。通过网络，图书馆可以为用户讲授网络的基础知识，介绍网上信息的鉴别和收集、网络导航器及其搜索引擎的使用方法，并指导用户如何查寻联机目录、如何检索免费的数据库、如何使用电子邮件等。

第四节　读者服务工作对图书馆员的要求

一、要不断增加服务内容

（一）不断提高图书馆网上服务能力

图书馆主页服务是指图书馆利用网络环境作为技术条件，将自己的信息产品通过在互联网上建立自己的主页，把自己的服务快速地传递给广大用户的一种服务方式。主页要简洁大方，主页上除了介绍本馆简况、服务项目、馆藏书刊目录、光盘资源、网上资源等基本信息外，还要提供各种资源的使用方法以及网络导航等服务，将国内外网上图书馆和热门站点与网页链接起来，并针对本单位的重点专业系统地建立学科导航，帮助用户方便地利用网上丰富的资源。

（二）不断提高网络信息资源检索服务能力

图书馆要做好网络信息的筛选、组织、整理等工作，尤其要做好网络数据库的导航工作，指导和方便用户利用网络查询文献信息。图书馆专业人员应利用自己的专业特长，在网上搜集与本单位学科专业相近或相关的信息，并按分科分类加以整理，建立指引库，以方便用户查找所需信息，并为用户提供文献检索服务，包括网上定题跟踪、课题查新、专项咨询等服务工作。

（三）加强读者教育工作

在网络环境下，信息用户倾向于自我服务，即用户自己直接上网查找自己想要的信息。而网络信息资源最大的特点是无限、无序，质量参差不齐。在大多数情况下，并不是每一位用户都能知道如何使用网络，或者能很顺利地在网上找到所需信息，因此对用户进行培训成了图书馆信息服务的一项重要内容。培训目的主要是提高用户的网络资源检索和辨别的能力、信息获取及处理的能力，帮助用户在浩如烟海的信息中搜集、筛选、分析和整合自己所需要的信息。

（四）不断提高图书馆员的素质

图书馆是文献信息的收集、存储和传播中心。馆员只有通过管理、开发、加工和传递信息才能使图书馆的文献信息资源在不断被使用中增值。因此，图书馆员要不断培养自身的信息素养，提高对信息进行深度加工的能力；要不断培养敏锐的捕捉信息的能力，学会用信息眼光，从信息角度去思考问题和开展工作。对信息价值要具有一定的洞察、判断和运用能力，并能运用现代信息技术为广大读者提供高效优质的服务。由于现代信息技术在图书馆的广泛应用，图书馆员要努力学会运用电子计算机技术，使工作自动化；运用光学技术，使文献信息缩微化、光盘化；运用电脑多媒体技术，使图、文、声、像信息一体化；运用现代通信技术，使参考服务网络化及信息传递高速化。

二、现代图书馆员的培训

现代图书馆员的培训，从狭义上讲，是指给新员工和现有员工传授其完成本职工作所必须掌握的基本技能的过程；从广义上讲，它是指图书馆为了履行各项社会职能，实现总体目标，全面开发员工的智力，而对员工开展的基本技能、职业道德、敬业精神等培训的全过程。

（一）基本技能培训

步入信息时代，现代计算机技术、多媒体技术、网络技术等被大量引入图书馆，传统图书馆正逐渐向电子图书馆、信息图书馆、复合图书馆方向转变，图书馆的工作发生了重大变化。一方面，图书馆的传统工作因为有了信息技术的引入而变得更加有效率，如采访工作可以借助于网络搜集最新的出版信息，编目工作可以通过使用统一的机读目录而节省劳动力，检索工作可以利用计算机而避免手工劳动的烦琐；另一方面，图书馆的工作范围日益扩大，如采访工作需要加强对电子书籍、各类型数据库的采购；信息检索范围从传统的纸质文献扩大到了互联网，信息服务的方式也不再局限于信息检索和咨询。这一切都要求图书馆对工作人员在数据库的管理能力，网络环境下的信息搜集、处理能力，信息检索工具的生成能力，网络信息的利用能力，以及计算机操作能力等方面加以培训，才能适应新时期图书馆工作的需要。

（二）解决问题能力的培训

对于图书馆员来说，解决实际问题的能力的培养可能更为重要。在图书馆面临社会上各种信息服务机构挑战的今天，图书馆员的素质对图书馆的发展将起到更重要的作用。因此，对图书馆员加强在管理方面的培训，可以帮助他们提高解决实际问题的能力。

（三）人际交往能力的培训

任何人在工作中都难免与人接触。图书馆作为一个面向大众服务的机构，更应该注重对内部人员的人际交往能力的培养，这样不仅能够减少摩擦，还能促进他们与外界不同部门的联系。

（四）服务态度的培训

随着传统图书馆向信息图书馆的发展，图书馆的一些传统的服务观念也应随之变化，需要向开放观念、用户观念、经济观念、效益观念、资源共享观念转变。尤其是图书馆员应树立"以人为本""读者至上"的服务理念，多进行服务技能、服务态度的培训，这样才能营造一种宽松、和谐、友好、温馨的馆内环境，才能打造图书馆的良好形象，提升自己的服务水平。

第三章　高校图书馆服务工作的拓展

第一节　提升服务理念

理念创新是一切创新活动的前提。理念的创新是一个否定自我、超越自我的过程，理念创新对高校图书馆的发展来说是十分关键的。图书馆从产生到现在，在其漫长发展过程中它始终是作为一个社会公益部门存在的，它以文献信息收集、加工、传递来体现其存在价值。但是，随着网络技术的发展，图书馆不再是人们获取知识信息的唯一途径，它也将要走向社会，优胜劣汰的生存法则将使图书馆受到冲击和挑战。当代高校图书馆服务面对新的环境和新的需求，必须树立新的理念。所谓理念，不仅仅是哲学所指理性领域的概念，而且代表着社会成熟的思想与观念。本节所说的服务理念，不完全是从未有过的新概念，而是当前应当特别重视和强调的概念，并作为新高校图书馆服务的基本观念。高校图书馆服务理念是不断发展的，在某一特定时期正确的并发挥巨大作用的新理念，到了新的时期，如不符合时代要求也就会成为过时的理念。只有不断淘汰过时的服务理念，才能建立适应新环境的高校图书馆服务的新理念。

一、以人为本的理念

（一）以人为本，读者第一

"以人为本"的提出是对现代化的一种回应，是对唯科技与商业主流的抗衡，在高校图书馆学领域是对"技术中心论"的反思。"以人为本"理念的提出，表明高校图书馆人对服务读者认识的深化，对读者价值和权利的认同，体现了高校图书馆人对读者人文关怀的感悟。中国图书馆学会年会提出"以人为本，服务创新"的会议主题。其中"以人为本"的"人"包括两层含义，或者说是两种角度，一是读者，一是高校图书馆馆员。只有对这两类人的关怀落到实处，才能够真正实现高校图书馆的社会价值，完成高校图书馆的历史使命与责任。对读者的关怀，是"以人为本"的根本、目的与归宿；对高校图书馆馆员的关怀，是"以人为本"的基础、保障与动力。

"以人为本"，对内以馆员为本。以人为本，首先是应按照人的本性要求，提高馆员工作和生活质量与馆员的满意度，把馆员的成长与发展等人性化因素作为追求的目标。以培养馆员的能力和激发馆员的潜能为着眼点，把提高馆员素质、规范馆员行为、调动馆员积极性、发挥馆员创造精神放在首要位置。强调通过人性化教育使馆员的知识结构更为合理。通过建立终身教育理念，使馆员不断获取新的知识和技能，提高自主工作能力，并通过各种形式的实践活动，发挥馆员个性，健全馆员人格，使馆员受到自我教育、自律培养和团队文化的熏陶。通过内在的自我激励，使他们产生对工作的责任、兴趣和成就感。只有这样，知识服务才能通过高素质馆员创造出更高质量、更深层次的服务成果。

高校图书馆必须采用行之有效的人力资源管理方式，制定一系列切实可行的人事管理制度，充分调动高校图书馆员的创造性和能动性，激励高校图书馆员用自己的智慧和能力为用户开展知识服务。把具有知识和技术的人才从事务性工作和常规管理工作中解放出来，让他利用自己的知识、技术、能力和智慧进行深层次的知识组织、管理和开发，进而为各类用户提供高效到位的服务。

"以人为本"，对外以读者为本。以读者为本要求高校图书馆的服务和管理都要围绕用户的需要展开。从开馆时间到馆内布局、从服务态度到服务内容、从服务策划到服务质量的评价，都要谋求用户需要的最大满足。按用户需求提供定制服务，便于再加工、再开发。众所周知，不同的用户群有不同的需求，不同的个人用户，需求也不尽相同。因此，应根据用户的特点提供有针对性的、特色化、个性化的服务，采取不同的服务策略。只有掌握社会与本馆整体用户体系、各层次用户群体、各层次用户个体及其需求的立体多维特点和规律，才能真正地从感性到理性，去认识、了解、熟悉用户，才能依据用户层次需求的特点、规律，去有针对性地、有效地、分层次地开发高校图书馆资源，分层次进行用户教育，分层次组织用户和开展服务工作。只有这样，才能充分满足各层次群体与个体用户的需要。

（二）人性化服务

高校图书馆的服务要以人为本，处处把人放在最重要的地位。长期以来，图书馆服务存在的非人性化表现很多：一是不相信读者或用户，很多图书馆设监视器。几乎每个图书馆都有防盗仪，每个阅览室有防盗装置，每本书有防盗磁条，图书馆时时处处在防着读者或用户，这被认为是图书馆的"科学管理"，但从人性化的角度来看是值得质疑的。二是对读者缺少尊重，从一些图书馆员的语言、图书馆的制度、图书馆的警示语（如"严禁读者进入""不准喧哗"）可见一斑。三是重物轻人，如某些图书馆装空调首先为的是计算机房的机器而不是为阅览室的读者；图书馆藏书空间不足时首先想到的是加高书架、增大书架的密度，甚至撤掉一些阅览桌椅，损害的是读者的空间和方便。四是对读者不平等，体现在读者的区分、借阅制度、服务质量等问题上。五是对保护读者的隐私考虑不够。

人性化服务是以尊重人、理解人为前提的，充分考虑人的需求，最大限度地给人以"自由空间"的服务。过去强调制度，现在强调人性化。制度是基础，人性化是方向，两者必须结合起来。

中山大学珠海校区高校图书馆给人印象最深的就是他们的"人性化服务"，馆内外处处充满了人性化的举措。进入大厅有醒目的指示牌、消防通道示意图、馆藏布局图和温馨告示，并设有触摸屏。每层阅览室格局一律大开间。读者不仅感受不到压抑，反而觉得豁然开朗。一整面的玻璃墙开阔而通透，一眼就能看到海景，真是美的享受！读者可带书包进入阅览室，阅览后的书刊不必放回书架，还备有自助式复印机。阅览室里书架都不高，桌椅也极为考究，书架与阅览桌错落有致，如同人在书海、书为人伴。阅览室还布置有很多鲜花，有长沙发也有围绕柱子的沙发可供读者休闲，高校图书馆中间的楼梯直通后山的教学楼，犹如知识的通道和风景线。高校图书馆还对珠海市民开放，每位市民可持有效证件入馆阅览，入馆的读者可感受到高校图书馆的周到服务。

（三）个性化服务

个性化服务是有创意的新颖的服务。2000 年 12 月，上海高校图书馆提出"把我的高校图书馆送入千家万户"的个性化服务的创新理念，引起了全国高校图书馆界的共鸣。个性化服务是针对特定读者或用户需求的专门服务。每个高校图书馆都可以推出特别的创意和特别的服务，如高校图书馆提供的推送服务以及"My Library""送书服务""专家室""小组讨论室"等多种服务方式。个性化服务也是紧密联系本地本馆实际的服务。以爱心伞服务为例，澳门大学高校图书馆的门口摆了雨伞，供雨天读者借用，读者自觉地用后归还。中山大学备有 600 把标有高校图书馆字样的雨伞，称为"暖心伞"，放在各馆供读者借用。如今这样的举措在许多图书馆得到了推广，南开大学高校图书馆于 2005 年也推出了爱心伞服务。

二、一切为了利用的理念

现代高校图书馆早已突破了"重藏轻用"的旧理念，但是对于"藏用并重"还是"重用轻藏"以及如何"藏""用"，需要新理念。藏书建设的"存取"（Access）、"拥有"（Ownership）之争导致了虚拟馆藏的产生与"资源共享＝存取＋拥有（Source sharing=Access+Ownership）"公式的定论。而在"用"的问题上，一切为了利用，既是服务的根本，也是服务的新理念。与其说"书是为了用的"，不如说"高校图书馆是为了用的"。高校图书馆的文献信息资源必须发挥作用，高校图书馆建筑、高校图书馆的设备设施也不能闲置。

（一）可检索性（Accessibility）

首先要让读者知道高校图书馆有什么，在哪里，能否帮助读者快捷地查到所需要的信息。即使一些书刊资料不在本馆，也要帮助读者找到这些资料。一是注意本馆资料的可检索性。高校图书馆 OPAC 是否能检索到所有的馆藏信息，是否存在着有文献无 MARC 或有 MARC 无文献的现象（过去叫有书无卡或有卡无书现象，现在因为一些馆回溯编目未能完成或编目系统与馆藏不对应，也存在与过去类似的问题），高校图书馆是否实现了跨库检索、一站式检索，这些都会影响检索效率。二是注意他馆资料的可检索性。高校图书馆联合目录系统是重要的工具，必须引导读者充分利用这一工具，查询各高校图书馆的可用资料。三是注意网上资料的可检索性。即注意高校图书馆是否有好的网络导航系统，是否能引导读者检索到网上好的资料，包括免费的网上资料。任何一个高校图书馆的馆藏都是有限的，都无法做到也没有必要做到"大而全、小而全"，只能购买必要的最有价值的资料。这些资料要发挥作用，要靠可检索性。当一个高校图书馆的馆藏不能满足读者需要时，大量的满足不了的需求也要靠可检索性去解决。

（二）可获得性（Availability）

对高校图书馆的服务对象来说，不仅仅只需要检索文献信息，更重要的是要获得文献与知识，这通常构成了一个文献获取过程的两个环节，为获得而检索，由检索而获得。获得文献与知识除了通过文献借阅的方式外，电子文献传递是一个新的有价值的重要方式，正在许多高校图书馆蓬勃开展，既使读者受益，又节约了高校图书馆的采访经费，还减轻了高校图书馆的藏书压力。

（三）可用性（Usable）

可用性是指高校图书馆给读者提供的资料可以使用并具有使用价值。一所高校图书馆的特藏，对读者开放，读者可以借或阅，就有了可用性；不对读者开放，就没有可用性。高校图书馆的检索终端机设备完好，可以上机，就有了可用性；设备坏了不维护，就没有可用性。高校图书馆的阅览座位，每周开放时间长，可用性强；每周开放时间短，可用性就差。高校图书馆给读者提供的所有资料都应该是可用的。对电子资源来说，可用性是高校图书馆服务的一个新的重要指标。能否有效地使用各种资源，既反映了高校图书馆的馆藏质量，也反映出高校图书馆的服务水平。例如，高校图书馆提供的数据库打不开，信息导航的地址经常变化或没有及时更正错误，点击高校图书馆网页出现空白或"正在建设中"字样，这就不具备可用性，是高校图书馆的失职。一旦读者发现高校图书馆的书刊、数据库、网页、阅览设施不能用或利用价值低，就会对高校图书馆失去信心，就有可能不再来馆。

三、主动服务理念

服务是高校图书馆工作永恒的主题，也是高校图书馆的立身之本。服务工作的好坏，服务质量的高低，直接决定着一个馆的办馆水平。近几年来，电子高校图书馆、网络高校图书馆、数字高校图书馆等新概念、新理论层出不穷，信息服务领域正经受着一场全新的变革，传统高校图书馆正在向数字高校图书馆、网络高校图书馆逐步转变。但是，传统高校图书馆将与数字高校图书馆和网络高校图书馆在一个相当长的时期内相互依存，共同发展，从而形成一个多种形式混合存在的新的信息环境。在这种新的环境下，高校图书馆工作人员首先应该考虑的是如何更好地完成信息服务。其中最重要的就是实现由传统的被动服务向主动服务的转化，由单一的、静态的服务向多元的、动态的服务转化。从被动服务转为主动服务是传统高校图书馆向现代高校图书馆转变的重要标志，也是当前高校图书馆改革的关键所在。

（一）主动宣传高校图书馆资源

高校图书馆每天都有大量的新书上架，电子阅览室常添置新的学术光盘。如不做好新书陈列、导读工作，读者没有时间也没有精力一架一架地去搜寻新书，即使去搜寻了，也很难在堆积如山的书海里找到新书。如果没有了解新书的主题和意义，不知道对自己有何用处，读者也不会刻意去寻找新书的。只有加强图书宣传的力度，让读者充分了解馆藏动态，才能提高文献利用率。另外，高校图书馆还应在读者需要大量参考工具书的时候，主动推荐参考工具书目。如在开学时，积极向教师、学生推荐参考工具书，在学生英语过级考试前，主动向学生推荐英语过级辅导书或有参考价值的辅导资料等。

（二）主动开发信息资源

高校图书馆的信息资源包括文献资源和网络资源两类。文献是高校图书馆赖以存在的物质基础，没有文献也就没有高校图书馆。21世纪的文献资源，除印刷型外，还有电子出版物如磁盘、光盘、多媒体等非印刷型文献资源。文献信息资源是高校图书馆开展各项活动的前提条件，它的收藏就是为了开发利用。即将文献中的知识、信息发掘出来，使高校图书馆由"知识宝库"变为"知识喷泉"，由被动服务走向主动服务，使文献中的知识得到充分的应用和推广，起到文献增值的作用，从而提高文献信息资源的利用率，活化馆藏。

当前要特别重视网络资源的开发。因特网上拥有无数的信息资源，几乎包括所有的学科领域。在因特网上能得到最新的资料、某一科研领域的最新动态，能查到最近甚至当天的文献，能早日得到相关信息，对教学、科研人员早出成果、出好成果，对学生学知识、写论文无疑会大有帮助。丰富的网络信息资源虽然为信息服务提供了广泛的资源基础，但由于当前网络信息的组织管理还没有规范化，用户只能获得网上的表层信息，还需要高校图书馆专门的网络管理人员进行深层次的网络资源开发，以帮助读者利用因特网获取相关的资料。加强文献信息资源和网络资源的开发，可以充分发挥高校图书馆的情报传递职能，以达到"广、快、精、准"的信息服务要求。

（三）主动为教师的科研活动提供信息

高校图书馆是学校的文献信息中心，是为教学科研服务的。科研工作是在前人或别人成就的基础上进行新的探索性工作，它离不开前人的经验结晶。因此，科研人员进行科研时既需要阅读大量与研究课题有关的专业文献资料，也需要阅读大量其他学科的文献资料，还需要尽快掌握这一课题的研究动态。高校图书馆应主动了解科研人员的信息需求，积极提供科研人员所需要的文献，并从大量文献信息中有目的、有重点地检索、筛选，进行文献信息深加工，做好科研课题的定向服务，并且及时向科研人员提供这一课题的研究动态，以满足科研人员对信息的需求，以收到事半功倍的效果。

（四）赋予传统的主动服务以新的活力

传统的主动服务如定题服务、新书通报服务、剪报服务、中英文期刊目次通告服务、馆际互借服务等，曾经取得过很好效果，但以往多在人工查阅或计算机检索完成后，由高校图书馆工作人员将信息资料亲自送至或函送至用户手中，或由用户来取，因而造成信息的时滞过长，同时给用户也带来很多不便。在新的信息环境下，借助网络与通信的优势，就可大大提高服务的质量，更好地满足用户需求。如可将新到馆的中外文期刊目次以电子信息通过校园网及时提供给相关学科的读者。再如，传统的馆际互借范围十分有限，多局限于同一城市几所高校图书馆之间，尚未形成馆际互借的文献传递，异地索取原始文献困难重重。在新信息环境下，可望实现馆际借阅及各种方式的文献传递服务，如网上文件传递、直接下载、电子邮件传递、传真等，大大提高了馆际互借的效率。高校图书馆可利用自身的优势，主动为读者解决查找和索取一次文献难的问题。

高校图书馆开展主动服务，既是时代发展的需要，也是高校图书馆工作者的历史使命，又必将促进高校图书馆事业的发展。高校图书馆只有树立全心全意为读者服务的思想，想读者之所想，急读者之所急，主动向读者提供情报信息，并以最快的速度把知识情报传递到读者手中，才能顺应时代发展的需要，提高信息服务的质量，更好地为学校的教学和科研服务。

四、开放服务的理念

高校图书馆自诞生之日起，从封闭到局部开放再到全面开放，经历了漫长的渐变过程。当代高校图书馆的开放服务理念不再局限于高校图书馆从闭架借阅到半开架借阅再到全开架借阅，而是具有更多的含义。现代意义上的高校图书馆开放，是一种全面开放，包括资源开放、时间开放、空间开放、人员开放和馆务公开。开放服务已成为现代高校图书馆的重要特征。

（一）资源开放

即把高校图书馆的所有馆藏资源（包括实体馆藏和虚拟馆藏）和设施向读者开放。资源开放的内容及要求有：①所有馆藏全部开放利用；②尽最大努力实施开架借阅；③馆与馆之间相互开放资源，实现资源共享；④馆内所有设施（如书库、展览厅、视听室等）向读者开放；⑤全面揭示馆藏，健全检索体系等等。

（二）时间开放

即最大限度延长读者利用高校图书馆的时间。自从高校图书馆打出"365天，天天开放"的招牌后，确实赢得了社会和读者的好感。而比这更重要更具体的是高校图书馆大门旁清晰标出的开放时间（"Library Hours"），《读者手册》详细列出每个季度每个阅览室的开放时间表，这在国内外高校图书馆极为常见。在美国大学，有40%的高校图书馆开放时间达到每周 80 小时以上，25 个馆达到 168 小时。而我国广东 80% 的高校图书馆开放时间都在 80 小时以下。我国的国家高校图书馆和上海高校图书馆也实行"365 天，天天开馆"。高校图书馆开放时间要求做到：①节假日和公休日不闭馆，即无休息日；②馆内开展任何公务活动都不影响正常开馆；③保证开馆时间的完整性或连续性，避免中断。

（三）空间开放

即高校图书馆要把每一扇门打开。除了藏书全部向读者开放外，各个部门、各个设施都应当向读者开放。

（四）人员开放

即高校图书馆不分国籍、种族、年龄、地位等，向所有人开放。高校图书馆不仅仅是一个阅读场所，也是人们观光、交谈、休闲、娱乐的场所，是具有综合功能的社会文化中心。高校图书馆服务在文化层面上具有不可或缺的存在价值。高校图书馆服务强化了人与人之间的感情联系，也提供了人们相互交流的场所。新建的深圳大学城高校图书馆定位为大学高校图书馆和科技高校图书馆，不仅仅为北大、清华、哈工大、南开分校 4 个校区服务，而且为全市科技人员服务。既扩大了高校图书馆的功能，又扩大了服务范围。"高校图书馆向社会上所有的人开放"应成为现代高校图书馆服务的最具吸引力的魅力所在。

（五）馆务公开

即凡是与读者服务有关的决策（如有关制度、规定、做法等）过程及其结果向读者公开。馆务公开既是高校图书馆决策民主化的需要，也是高校图书馆服务取信于读者的需要。实行馆务公开要做好几方面工作：①制定馆务公开制度。对需要公开的事项、公开的时间、公开的方式等，做出明确规定，使其制度化。②建立读者参与管理、参与决策的机制。凡是与读者利益攸关的重大事情，都应事先征求读者意见，并在可能的情况下让读者直接参与决策过程。为此应设立"读者监督委员会"之类的非常设机构。③公开读者监督途径。如公开读者监督电话（首先应公开馆长电话），设立读者意见箱，公布领导接待读者日等。④公开接受读者评价。高校图书馆服务工作的好坏，其主要评价主体应该是读者，"读者是否满意"是衡量高校图书馆服务工作好坏的主要标准。在组织高校图书馆评估时，应设有"读者满意程度"指标，并使这一指标在整个评估指标体系中占有足够分量。

第二节 完善服务体制

一、引进竞争机制

目前，在大多数高校图书馆中，"大锅饭"现象还很严重，员工的收入没有与工作业绩挂钩，造成"干多干少都一样"的局面。分配实行以职称为主的工资制度，但在职称评定时，只讲论资排辈，不问能力高低，不讲工作贡献大小，极大地挫伤了员工的工作积极性，阻碍了高校图书馆事业的发展。

优胜劣汰是自然发展的规律，竞争是社会主义市场经济体制的主要特征。中国的改革开放之所以取得了令世人瞩目的成就，正是由于引进了竞争机制。引进竞争机制，改革人事制度是调动员工积极性、实施高校图书馆各项职能的关键。一些院校试行了竞聘制，采用"民主集中，科学定岗，公开招聘，平等竞争，自由流动，双向选择，择优录用"的原则，把每个工作岗位的人员素质、岗位责任定得清清楚楚，让馆员自由选择。一项工作多人选择，采用竞争上岗的办法，能者居上。这种做法给每个员工提供了平等的机会，激发了员工的上进心，同时加大了考核力度，实行计量管理，奖金同工作贡献、工作态度挂钩，采取多种形式的激励措施，充分调动了馆员的工作积极性。

现在，有些高校图书馆存在着分工过细、馆员业务能力单一的弊病。有的人做一项工作一干就是十几年，习惯于凭经验做事，业务水平很难有所突破。通过竞聘上岗，使人才实现合理流动，不仅使馆员可以凭自己的兴趣、特长等优势自主选择工作岗位，有利于发现和培养一专多能的人才，而且有利于人才的脱颖而出和高校图书馆业务工作的创新。随着人事制度改革的不断深入，内部岗位竞争已成趋势，高校图书馆员必须增强进取心和竞争意识，不断充实和完善自己，才能做好本职工作。

二、实施激励机制

（一）激励机制的概念

激励是指激发人的行为的心理过程，它的含义是指利用某种外部诱因，调动、激发人的积极性、主动性和创造性，使之朝着期望的目标努力前进，取得成就的过程。根据心理学的研究，人的行为具有目的性，而目的源于动机，动机产生于需要。由需要引起动机，动机支配行为并指向预定的目标。激励正是持续激发人的动机的心理过程。机制可以理解为包含事物发展变化的规律和使其健康发展的制度。激励追求管理活动的人性化，机制则是追求管理活动的制度化。所以激励只有形成机制，才能持续有效地发挥作用。运用到高校图书馆管理方面的激励理论主要有：

1. 给予型激励理论

该理论又称为需求理论，主要研究激发动机的因素。其中具有代表性的有马斯洛的需要层次论和赫茨伯格的双因素理论。

马斯洛将人的需要分为生理需要、安全需要、归属和爱的需要、尊重的需要和自我实现的需要等五个自低向高的需要层次。人类有着各种各样的需要，一种需要满足后，又会出现更高层次的需要。不断地满足这些需要就是人类行为的基本动因。管理者要善于运用有针对性的激励措施，只有"投其所需"才有激励作用。

赫茨伯格的双因素理论认为能够引起员工反应的因素应分为能够消除不满意的保健因素和能够引起满意的激励因素两类。如职务、工资、上司、同事之类具体的、物质的、外在的因素，这些因素处理得好，就能消除员工的不满意，这类因素不是激励因素，只能称为保健因素。要想让员工达到满意状态，即受到激励，还必须在消除不满意的基础上再给予他们那些非物质的、内在的因素，如工作富有成就，工作成绩得到承认，工作本身重要等等，这类因素才能真正起到激励作用，才可能称为激励因素。按双因素理论要求，领导者要更多地考虑人的社会性、情感性、心理性需要，充分重视人的成就欲与事业心在调动工作积极性中的作用。

需要型激励理论强调被激励对象的需要，它通过对人类潜在需要的分析，一是指出了人的需要具有多样性和变化性，二是归纳出了对人的行为有激励作用的特定需要和因素。该理论启发我们，高校图书馆管理如果要发挥激励的作用调动员工积极性、开发员工潜能和实现组织目标，那么就应该从各方面采取多种措施来满足那些对员工有激励作用的特定需要，而这就有赖于一个全方位的激励管理体系的建立。

2. 比较型激励理论

该理论是针对人的行为过程的。最具代表性的是弗洛姆的期望理论和亚当斯的公平理论。期望理论的内容可表达为：工作动机＝激励力量＝目标价值×期望概率。上述公式告诉我们，激励力量取决于目标价值与期望概率的乘积，即取决于两者的综合作用。作为高校图书馆的管理者要正确认识高校图书馆工作目标价值，要重视目标难度的设计，要注意目标价值和期望概率两个激励因素的配合作用。

3. 反馈型激励理论

该理论是将激励的作用定位于行为的目标或结果对下一步工作积极性的影响上。激励是一个需要产生动机，动机支配行为，行为实现目标，目标满足需要的过程。任何激励理论都离不开对这一过程某一环节的作用。对这一过程任何一环节施于激励作用都会激发人的潜能，调动员工的工作积极性。实践证明，人的积极性和创造性的发挥与人所受的激励程度相联系。美国哈佛大学詹姆士教授研究发现，按时计酬的分配制度，仅能让员工发挥20%～30%的能力，但如果给予充分激励，则可使其发挥出80%～90%的能力。因此，高校图书馆管理者，要善于用人，充分信任馆员，重视、研究激励对人力资源开发的重要作用，千方百计地激发馆员的潜能，营造一个团结、和谐、高效的群体。使每个馆员都能获得最大限度地充分施展个人聪明才智的空间。

（二）激励机制的作用

1. 有利于激发每个馆员的内在潜能

弗朗西斯曾说："你可以买到一个人的时间，你可雇一个人到指定的工作岗位，你可以买到按时或按日计算的技术操作，但你买不到热情，你买不到创造性，你买不到全身心地投入。"这句话生动地说明了激励机制的重要作用。科学研究表明，人是有极大潜力的，但能否充分挖掘出来，则取决于激励机制是否有效。

2. 有利于吸引和留住优秀人才

调查表明，高校图书馆各种专业人才的价值取向主要表现为对高报酬和事业成功的双重追求。在高校图书馆人力资源管理中，通过健全激励机制，可以稳定现有馆员队伍，还能吸引外部优秀人才向本馆流动。

3. 有利于个人素质的提高

通过激励机制可以控制和调节人的行为取向，提高馆员不断努力学习的积极性，促使馆员不断提高个人的综合素质，更好地发展能力。

（三）健全激励机制的方式

1. 目标激励

所谓目标激励，就是把大、中、小和远、中、近的目标相结合，使馆员在工作中时刻把自己的行为与这些目标紧紧联系起来。人们追求目标是为了实现自己的愿望，满足自我需求，所以合理设置目标是一种有效的激励方法。

目标激励包括设置目标、实施目标和检查目标三个阶段：①建立一套完整的目标体系。高校图书馆管理者应依据高校图书馆实际状况，制定出切实可行的长期发展目标。同时根据长期目标制定中期目标和短期目标。高校图书馆各部门要依据高校图书馆目标分别提出自己的分目标，从而形成一套完整的目标体系。各层次目标必须具有一定的难度和可操作性，既需要人们付出一定的努力，又在努力之后确实能够实现，一个振奋人心、切实可行的目标，可以起到鼓舞士气、激励员工的作用。相反，那些可望而不可即或既不可望又不可即的目标，会产生适得其反的作用。②目标实施。高校图书馆管理者在目标确立后，应根据目标要求和实际，指导和监督馆员完成目标。在目标实施过程中，管理者应加强与馆员的沟通，及时发现问题，修正偏差，以便目标能够顺利实现。③考核评价。在阶段目标实施后，高校图书馆管理者应对照目标的实施结果及时进行总结和评价，并给予相应的物质和精神激励，进一步激发馆员的目标认同感和工作自豪感。

2. 培训激励

培训能够成为一种有效激励因素，主要因为每个馆员都希望有机会参与培训，培训可以使馆员获得发展，可以满足馆员自我实现的需要，因此，培训能够有效地激励馆员更努力地工作。培训作为一种有效的激励机制，通常的方式有：①组织业务能力强、接受新事物快的馆员到著名高校图书馆参观学习，解放思想，取长补短。②定期选派业务素质高的馆员进行短期培训，补充新知识。③选送优秀馆员到旅游胜地参加培训班。④鼓励馆员利用业余时间学习，并对成绩优异者进行奖励。⑤创造条件，选拔优秀馆员出国考察，开阔视野，增长见识。

3. 参与激励

参与激励指高校图书馆通过创造和提供一切机会，让馆员参与高校图书馆组织的决策、计划的制订、重大事情的处理等。实行参与激励一方而可以充分发挥全体馆员的集体智慧，防止和减少决策上的失误；另一方面也可以使广大馆员感到自己是高校图书馆的主人，增强他们的主人翁责任感，从而提高馆员的工作积极性，进一步发挥馆员的潜能。完善的参与激励机制可以有多种方式，例如：决策的民主性。成立由高校图书馆领导班子成员、工会主席和各部门主任组成的馆务委员会。充分发挥馆务委员会的作用，凡是馆内重大决策均由馆务委员会集体讨论通过。又如，重视馆员意见和建议。与馆员切身利益相关的政策出台，都要召开座谈会，征询各个层次馆员的意见，建议一经采纳则进行鼓励，对不能够采纳的进行解释。

4. 支持激励

高校图书馆领导要善于支持馆员的创造性建议，充分挖掘馆员的聪明才智，使大家都想事，都干事，都创新。支持激励包括：尊重馆员的人格、尊严、创造精神，爱护下级的积极性和创造性；信任馆员，放手让馆员大胆工作。

5. 信任激励

人们在感受信赖的时候，会产生快乐和满足，信任激励机制的完善能让馆员与管理者之间产生心灵的共鸣，进而产生全力以赴投入工作的决心。信任激励贯穿于用人的始终。应以"用人不疑"的态度，对馆员予以充分信任，以政策激发馆员的积极性和创造性，使其全身心地投入到工作中去，从而获得最大的人才效益。当然，信任的前提建立在馆员的德才表现、工作业绩、发展潜力等基础之上。当高校图书馆领导者信任了公认的"值得信任的人"，也就赢得了群众的信任，否则会挫伤他人的工作积极性。信任激励一是领导者将任务重、难度高的工作分派给德才兼备的馆员，二是要及时将他们提拔到重要的工作岗位，通过合理晋升，使德才兼备的馆员的工作能力和业绩得到肯定，其士气和绩效都会随之提升，而且还可以给他人以同样的期待。

6. 荣誉激励

荣誉激励说到底就是满足人们自我实现的需要。马斯洛的自我实现的需要是人类最高层次的需要。而荣誉是一种终极的激励手段。荣誉激励的方式有馆内评选优秀馆员、优秀部室，评选服务明星、服务标兵，发放荣誉奖状、证书，通令嘉奖、表扬等。在进行荣誉激励时。必须避免两个问题：①荣誉过分集中。由于惯性思维，只要某位馆员在某方面取得成绩，就会有比其他人更多的机会获得各种荣誉。荣誉过分集中，会让其他馆员觉得反正自己评不上先进，而丧失努力工作的热情。②轮流当先进。这样做非但起不到激励作用，反而会使人对先进产生无所谓的感觉。

7. 物质激励

物质激励是通过物质刺激调动馆员积极性的重要手段。物质激励运用合理，能够起到稳定馆员队伍，吸引优秀人才，提高工作效率的作用。完善物质激励要注意以下几个问题：①切忌平均主义。平均等于无激励，平均非但不能培养馆员的创新精神，还会扼杀馆员的积极性。②进行分配制度的改革。严格考核，将结果与奖金分配挂钩，真正做到奖勤罚懒、奖优罚劣，拉开分配档次，重点向知识含量高、劳动强度大的岗位倾斜。③物质激励的局限性。当馆员取得的报酬已经达到一定高度，而且提高与降低的幅度较小，不能产生实质影响的时候，物质激励的局限性更加明显，必须通过其他手段达到激励的效果。

三、设立监督机制

读者监督，指的是请读者对高校图书馆的管理、服务进行过程性的检查、监督和评价。读者监督机制，则是指在高校图书馆管理中运用读者监督的手段来影响、促进整个管理的工作系统。它是高校图书馆管理体系中的有机组成部分。

读者第一、服务至上、以人为本、以读者为中心的服务思想早在20世纪50年代就已在图书馆界倡导，并始终是高校图书馆管理者们努力追求和推崇的服务理念。然而，实践证明，在以往的管理活动中，普遍存在重决策、轻监督的现象。且在监督检查这一环节中，又偏重于各层次管理机构进行的行政监督和职代会进行的民主监督，这些无疑都是对的。但对读者监督却没有引起足够的重视，导致作为评价高校图书馆工作好坏、优劣的主体对象的权力没有得到充分发挥，这在很大程度上影响了高校图书馆服务质量的提高。

（一）高校图书馆实行读者监督机制的作用

1. 实行读者监督机制可增强员工责任心，提高工作质量和工作效率

高校图书馆员工来源渠道复杂，其观念、素质参差不齐，加之大学生读者专业、年级、阅历不同，其阅读兴趣、阅读需要、阅读倾向和阅读能力都不同，这些都对其员工的工作能力、业务水平及综合素质提出了客观要求。然而员工的现状与读者需求相距甚远。如何才能满足读者需求呢？只有在员工心目中强化读者意识。有了读者意识，员工自然就会考虑，我的工作在哪些方面有待改进，哪些方面会招来读者非议，哪些服务会赢得读者赞赏。实行读者监督机制能尽快使读者第一、服务至上的服务理念根植于员工心中，自觉改变自己。唯有这样服务意识才有可能真正转变，读者与高校图书馆间的矛盾才会大大改善。

2. 实行读者监督机制可激活员工的内在潜能，彻底杜绝大锅饭，从而形成竞争态势

高校图书馆启用读者监督机制实际上就是请读者评价、评判本馆员工的工作水平、态度、业绩等。员工的工作过程都在读者的检查、督察掌握之中。这样，每位员工的工作职责、指标、价值以及读者的主体地位都会在监管中得到充分体现。员工的工作效益、业绩与工资、奖励、奖金挂钩，使人的惰性受到抑制，因此各种规章制度不再是口头上的说教，

各种数据不再是难以兑现的纸上谈兵的数字符号，由此员工潜能得到激发，竞争局面自然形成。

3. 实行读者监督机制可缓解管理层与群众之间的直接冲突，改变上有政策、下有对策的尴尬局面

许多高校图书馆一般采用的是二、三级管理模式。由于每层管理人员认识与素质不一样且层层又有其利益考虑，管理认识很难一致，这样决策层的管理意图就不容易贯彻始终。读者监督机制的启用解决了高校图书馆行政管理中难以到位的五个方面。一是把管理层的软监督变成硬监督；二是把管理层的浅监督变为深监督；三是把管理层的阶段性监督变成全过程监督；四是把管理层的平面监督变为立体监督；五是把单一的管理人员行使的监督任务与全校师生员工的全体监督结合起来，减少领导与群众的对立因素。广泛的读者监督比仅靠管理层几个人的阶段性监督来得全面、客观。让读者对所有服务环节进行全面观察、监督，可杜绝阳奉阴违、屡禁不止的违规行为，扭转不良工作作风。

4. 实行读者监督机制可激发读者的维权意识

首先，读者的主体意识增强。他不仅是一个读者，还是一个监督者，有了双重身份。这一身份不仅使他关心资源，还关心高校图书馆的管理。因为只有高校图书馆的管理搞好了，高校图书馆的服务才会好，资源才会得到更为充分的利用。其次，读者的权益意识增强，让读者认识到，他们都是花了父母的血汗钱来高校学习的，高校图书馆应该而且必须提供他成才需要的图书资源的服务。他参与高校图书馆管理监督，是高校图书馆提供了一种维权机会，监督行为也就是一种维权行为。同时，这种维权意识本质上是现代公民社会参与意识的基础或萌芽。再次，读者的归属感、自豪感增强，与馆员的沟通也多了，比较能够理解高校图书馆工作的辛苦，因而改善了馆员与读者之间的关系。

（二）高校图书馆实行读者监督的有效途径

高校图书馆实行读者监督的有效途径有：

第一，高校图书馆职能部门会同读者协会，对有兴趣参与监督高校图书馆工作的读者进行培训、考核，挑选出部分各方面都很优秀的读者，有计划、有组织地对高校图书馆各部门的工作轮流查岗，记录各岗位员工的工作状况、填写读者监督卡，全方位督察该高校图书馆员的工作。这是读者监督的主线。

第二，依据信息工具求得读者监督。如：可通过校园网或高校图书馆网主页把员工照片、姓名、工号上传，这样读者可直接上网留言、投诉。读者甚至还可通过该办法评选自己认为优秀的工作人员和不文明服务的工作人员。

第三，采用问卷调查的形式，全面收集读者意见和建议，了解各部门的工作状况。

第四，在高校图书馆显眼处设读者意见箱、读者监督卡、读者投诉卡，这样任何读者、任何时候只要他认为该高校图书馆的工作中存在某些问题或有不当之处都可提出。无论是图书资料的流通、阅览，还是图书资料的采购、编目、加工以及管理等都可受到读者监督。读者监督可覆盖高校图书馆工作的任何环节。诚然，要搞好这项工作必须有一系列与之配套的办法。如：管理机制与读者监督机制相结合，确立科学的监督标准、严密的监督程序和合理的监督方式，制定奖惩条例、评价指标等。只有这样，才会在广泛宣传维权意识的今天不断总结、完善监督程序和内容，构建有高校图书馆特色的、行之有效的读者监督机制。

第三节　开发人力资源

一、人力资源的概念

资源是"资财的来源"（《辞海》）。在经济学上，资源是为了创造物质财富而投入于生产活动中的一切要素。当代经济学家把资源分为：自然资源、资本资源、信息资源和人力资源。人力资源是生产活动中最活跃的因素，也是一切资源中最重要的资源。由于该资源特殊的重要性，它被经济学家称为第一资源。究竟何为人力资源？从不同的角度出发有不同的定义。在此，我们将其定义为：人力资源是指具有为社会创造物质财富和精神财富、为社会提供劳务和服务的人。高校图书馆的人力资源就是为高校图书馆用户服务的所有工作人员。人力资源是高校图书馆诸要素中最活跃最具创造力的资源，是高校图书馆生存发展的保证。

二、高校图书馆需要高水平人才

（一）现代信息技术的发展需要高校图书馆有高水平的人才

随着现代信息技术的发展，高校图书馆的外部信息环境和内部业务机制正在发生重大的变化。计算机技术，通信技术，信息数字化技术，多媒体技术涌进了高校图书馆，使高校图书馆信息处理与信息传播，开发智力资源，造福于社会的职能越来越凸显。面对着浩瀚的信息资源的整序、管理、提取和服务，高校图书馆需要大量的懂新技术、懂专业的高水平人才，来拓展信息服务的内涵，提升服务质量，更好地服务于社会。同时高校图书馆也迎来了前所未有的挑战和发展机遇，未来的现代化高校图书馆将在高校的教学科研中发挥不可替代的作用。

信息时代的高校图书馆是学校的信息中心，以网络传递为工具迅速方便地连接本地区乃至全国全世界的数据库，向读者提供全方位的服务，并为满足师生的需求，提供纸质资料、电子读物以及网络资料。信息时代的高校图书馆应该成为信息咨询服务中心，它以读者为本，以读者满意为标准，满足读者的各方面咨询需求，并提供学科预测、专题综述、述评、信息通报等信息导航服务。信息时代的高校图书馆应具备一支高素质、高水平的人才队伍，他们具有敏锐的信息意识，熟练的信息技术应用能力，信息资源的深层次加工、开发、整合能力，以及学科信息的导航能力。信息时代高校图书馆的竞争，将是服务的竞争，是人力资源的竞争。因为高校图书馆人员队伍，是知识信息的加工者，是高校图书馆信息库的建造者和维护者，是信息资源使用者和信息资源之间的桥梁，又是高知识含量信息产品的设计者、生产者和操作者。高校图书馆高素质、高水平的人员队伍，是高校图书馆向现代化迈进的内在动力，没有这些高素质高水平的高校图书馆员，高校图书馆的现代化进程和高校图书馆的未来都无从谈起。只有把人的全面发展当作长远的培养目标，积蓄高校图书馆的人力资源优势，充分体现和发挥人文精神，才能真正使高校图书馆兴旺发达。

（二）知识服务呼唤高水平人才

知识经济的出现和现代化信息技术的发展，使知识管理走进高校图书馆成为一种趋势，高校图书馆走知识服务之路也是一种必然。高校图书馆不能排斥以藏书资源建设、文献流通浏览、文献编目检索等为基础的传统信息服务，但要着力从传统的信息服务向以知识管理为指导的知识服务发展。知识服务将贯穿于用户解决方案的始终，强调高校图书馆员运用自己的知识与能力，借助于馆藏，对馆藏信息进行加工，形成新的知识产品，为用户提供解决方案。

知识服务的主要特征是：①以读者的需求为出发点和中心。强调的是收集知识的创新信息；研究的是由科学技术发展而产生的读者对知识的需求。②通过各种方式促进新知识的传播，以满足读者现实的和潜在的需求。③以提高读者吸纳知识、运用知识、自我更新知识的能力为目标，强调读者对新知识反应的灵敏度。在可供服务的信息源看，各种类型的光盘、多媒体数据库等电子出版物的出现，使信息载体多样化、信息来源多元化。信息的传播量和信息的传播速度都较以前有了显著的提高。服务人员能回答更多的事实性咨询问题，实现服务内容的变革。

在知识经济时代，知识创新、知识发展、知识爆炸所带来的信息量的扩大和知识更新的速度加快，促使馆员必须跟上时代的步伐。同时，高校图书馆又以提高读者吸纳知识、运用知识、自我更新知识的能力为目标，所以，迅速提高馆员的素质刻不容缓。一名出色的高校图书馆员，要具备以下信息意识和信息能力：敏锐的信息意识、较好的获取能力、专业信息的加工能力、娴熟的信息技术应用能力与系统信息导航能力，同时图书情报人员还应该学习和掌握信息网络及其他相关技术，成为学术型、知识型、导航型馆员，以便进一步提高高校图书馆的社会信息服务效能。这是高校图书馆管理与服务中构建和谐环境、推进事业可持续发展、重视人文关怀等理念能够得以落实的最基本保障。

（三）高校图书馆可持续发展需要高水平人才

高校图书馆实现馆藏资源、服务方式、管理模式的更新，人才是基础。要适应当今社会发展的需要，实现高校图书馆可持续发展，人是决定因素，建设现代化高校图书馆关键是建设一支高素质的高校图书馆员队伍。

三、高校图书馆现有人力资源的不足

（一）馆员专业素质不高

长期以来，在高校图书馆工作中，未将馆员素质的提高当作工作的中心，忽视了人作为高校图书馆主体的重要作用。这种做法最终损害的不仅是馆员的利益，而且降低了读者接受的服务质量，损害了高校图书馆自身形象和读者的利益。

（二）队伍结构不够合理

当前高校图书馆人员结构不合理是长期以来形成的。高校图书馆事业并没有引起领导的高度重视，普遍认为其主要功能就是高校图书馆的订购、分类、编目与沟通。在近些年里，相当一部分学校把高校图书馆作为解决校内教职工家属及子女的就业场所。高校在用人方面其政策、条例及考核措施也侧重于行政干部、教师及科研人员。对高校图书馆管理人员除了出勤率作为其考核的主要标准外，并没有重视对其专业技术上的配备要求，甚至成为学校人力资源管理当中"被遗忘的角落"。

（三）馆员再教育滞后

目前很多管理者在如何促进高校图书馆发展的认识上还存在着误区，往往只重视文献资源购置经费的投入和硬件设施的添置，不重视对人员素质的提高，导致员工再教育的滞后，严重影响了人力资源的可持续发展。

四、开发人力资源，提升人的能力

在知识经济、信息经济的时代，人的素质是诸多因素中最为重要的，学习的目的就在于提高人的素质并使之得到发挥。人力资源的深度开发除了通过一定的经营管理制度和手段，使人的潜力得到充分利用，很重要的一点就是进行教育和培训，提升人的能力。

（一）重塑知识结构

高校图书馆服务人员要能适应服务环境的变化和挑战，真正能在服务创新中一展身手，就要实施知识结构的转移，重塑起有助于强化创造性品格和创新能力的知识结构。

1. 变轻型结构为重型结构

在社会的信息拥有量迅速扩张的情况下，贫乏的知识很难产生创新性思维，从而要求读者服务人员的知识拥有量，逐步由轻型结构向重型结构转换，以便与迅速扩张的信息量相适应。这种转换并非单指在量上的简单增加，而是知识的整体性提升和结构性的变化，体现出服务人员在知识结构上质的飞跃。

2. 变封闭型结构为开放型结构

现有读者服务人员的知识结构，基本上还局限于先前所学的教科书中的内容，显然不能适应社会知识不断更新和读者服务深入发展的要求，需要形成开放型结构，不断吸纳新知识，促进思维的创新。

3. 变被动型结构为创造型结构

要做到这一点，就得调整现有的知识结构，从被动接纳的知识结构转向创造型结构。其中很重要的是增加能力、方法等知识，并力求使这些知识达到与能力相统一。

逐步形成包括下述知识在内的新的全面性知识结构：

基础性知识。包括两个层次：一是哲学、自然科学、社会科学等文化科学基础知识。二是信息及信息管理、计算机等专业基础知识。

中心性知识。即知识结构要围绕某些具体问题而建立，形成一个起主导作用的核心。现代读者服务人员的核心知识是信息管理科学知识。

多元性知识。指知识结构具有多层次性和广博性，有助于创造性地解决各种实际问题。读者服务人员要能适应深入开展读者服务的要求，就必须掌握某学科的系统知识及相关学科的专业知识。

立体性知识。立体性知识结构可分为两种形式：一为 T 形知识结构，即纵向专业知识加上广博的横向知识面。二是飞机形复合知识结构，机身为专业学科和信息管理知识，机翼为计算机及外语知识。

（二）提高信息素养

1. 综合信息的能力

这主要表现在三个方面：第一，较高的英语水平。由于目前美国在互联网上居于领导地位，故 Internet 上 95% 的信息以英语表达，这样一来，高校图书馆员英语水平的高低，决定着其搜集、整理信息能力的高低。第二，较高的计算机水平。高校图书馆员应能够在浩瀚的信息中区别各种类型和格式的潜在信息源，有效地存取所需信息，能够提取、记录和管理信息及信息源，并为存取所需信息选择最适宜的检索系统，这一切离开了较高的计算机水平是行不通的。包括熟练掌握计算机特别是网络技术，如网上编目、网上查询、网上互借等，熟练使用局域网、国内联机检索和 Internet，进行多方位、多视角检索，为读者提供信息服务，能对不同数据库、网站的信息资源进行选择、整理和加工，掌握各种载体性能，指导读者使用各载体信息，并利用网络终端查找所需信息。第三，相应的专业基础。在信息工作中，高校图书馆员要从搜集到的信息中提取有效信息并加以评价，对主要观点进行合成，确定新信息是否对馆藏价值系统有影响，把所选择的信息加入知识库。高校图书馆员能否选取有价值的信息，很大程度上取决于其是否具备一定的相应专业知识。

2. 知识管理能力

知识管理就是要将各种咨询资源转化为具有网状联系的规范知识集合，并对这些知识提供开放式管理，实现知识的生产、利用和共享，以帮助学习者对知识进行全面的获取和建构。知识管理可以建立激励读者积极参与知识共享的机制，培养读者的知识意识，有利于培养读者个体和集体的创造力。因此，高校图书馆员具备知识管理的能力，这不仅是高校图书馆员职业的需要，更是高等教育改革的需要。

知识管理能力是指面对浩瀚如海的网络信息资源，高校图书馆员能够有效地获取、加工、处理这些资源，使之转化为能够为己所用的咨询资源。知识管理能力要求高校图书馆员了解知识管理的基本原则、会使用知识管理的工具。知识管理需要遵循的原则是积累、共享和交流。积累是管理的基础，是指知识资源要达到一定的数量和质量。共享是指学习组织内各成员之间的知识要公开，共同拥有。交流是指组织内成员之间要进行交流和沟通，是知识管理的最高层次。知识管理的工具包括知识的生成、编码、转移工具。知识的生成工具可以帮助我们实现知识的获取、合成和创新。编码工具则可以通过标准的形式表现知识，使知识能够方便地被共享和交流。转移工具可以实现知识的传播和流动，使知识产生巨大的效益。

3. 信息教育的能力

在信息技术教育中，高校图书馆员的角色是多方面的。一方面，高校图书馆员本人需要接受信息技术教育；另一方面，高校图书馆员又是学校普及信息技术教育的主要执行者，在信息咨询中用自己的行为作为榜样，使读者受到潜移默化的信息技术教育是信息时代高校图书馆员的咨询必备能力。伴随着信息技术教育的普及以及信息技术与学科课程整合的程度越来越高，高校图书馆员的信息教育能力显得越来越重要，不仅需要高校图书馆员在自己的咨询过程中自觉地融入信息教育的内容，更要求高校图书馆员在自己的工作、学习、生活中自觉地运用信息技术，营造浓郁的信息文化氛围，使读者从高校图书馆员身上能够感受到信息的魅力，激发他们学习信息技术、应用信息技术、自觉加强信息素养养成的动机。

（三）创立学习机制

学校应把高校图书馆员继续教育纳入教师培训计划之内。一个蓬勃发展的现代高校图书馆，必然是馆员能够从不同渠道持续接受各种级别和各种类型教育的高校图书馆。高校图书馆员对继续教育的需求其实并不止于职业对其素质的规定，自身发展的需求也是产生较高和多样化的教育需求的重要因素。当今各高校图书馆在馆员继续教育的过程中不断摸索，逐渐形成了不少行之有效的教育模式。

1. 自主学习模式

自主学习模式是由高校图书馆员根据工作的实际需要，参照上级部门制定的培训目标，在一定范围内自选培训内容、途径和形式，通过自主学习来提高自身素质的一种教育模式。在实施个人开发模式中，继续教育管理部门将采取社会需求与个人需求相统一的价值取向原则，制定继续教育的目标、内容和评价体系，而继续教育培训机构则根据馆员的需求提供服务，并负责进行考评等。由于目前条件所限，对大多数高校图书馆员来说，以自学为主是尽快改变自己知识结构，提高学术水平的必由之路。

2. 馆内培训模式

馆内培训模式是在上级主管部门和有关业务部门的规划指导下，以馆员任职馆为继续教育的基地，以馆长为第一责任人，根据本馆需要与馆员需求制订教育计划，以提高馆员的技术能力为主要目标，通过多途径、多形式把馆员的继续教育与其业务工作、科研实践等紧密结合起来的一种教育模式。

3. 科学研究模式

科学研究模式是通过指导馆员联系业务实际进行科学研究，通过提高馆员的科研能力，自我更新知识的能力和工作技能，从而推动馆员整体素质提高的一种继续教育模式。在我国绝大部分高校图书馆中，科研成果与职称以及奖金的评定相挂钩，在一定程度上激发了馆员对科学研究的热情，与此同时，馆员的继续教育也得到了相当程度的实施。这是高校图书馆员继续教育的理想模式。该模式能促使馆员立足本馆的工作实践，开展学习和研究，研究成果具有实用性、针对性和时效性。馆员可以通过对高校图书馆业务的学习与研究，更好地掌握本职工作的规律，提高业务能力，开发自身的创造能力，从而更好地提供信息服务，完善高校图书馆管理。

4. 课程教授模式

课程教授模式是以大学、专门培训机构为主要培训基地，以提高馆员知识水平为目标，通过为馆员开设系列理论课程来开展继续教育的一种模式。其教育形式有学历教育、非学历进修和短期培训等。这种模式能使学员较系统地学习某一学科领域的理论知识，有利于高校图书馆员理论水平和学历层次的提高，比较适用于严谨的、具有学术性和研究性的培训。但这种把馆员集中起来当"学生"加以培训的模式，重视了教师的主导性，一定程度上却忽视了"学生"的主动性，忽视了"学生"是学习的主体，更不能顾及"学生"各自工作岗位的特殊需要，培训的实效性和针对性不强。馆员的继续教育要从根本上满足其不同需要，就不能局限于理论课程的学习。应在此基础之上，针对现代化高校图书馆的需要，注重现代技术以及网络服务等方面的继续教育，使馆员不仅提高高校图书馆基础理论水平，还能提高信息收集、加工、处理和网络服务能力。应注意把培训渗透到教学情境和过程中，在提高他们专业知识水平的同时，注重把馆员所学的知识与工作实践有机地结合起来，强化知识的应用，才能真正地提高馆员的素质。

5. 远程教授模式

远程教授模式是一种凭借现代传媒技术代替教师课堂面授的教育活动。它建立在客观的、理性的交互作用的基础之上。远程教授的形式有：函授教育、广播电视教育和计算机网络教育。其中基于网络的远程教授模式的基本运作方式是：教师利用远程教授平台进行授课，对学生提出的问题进行解答，师生之间通过电子邮件或在网站聊天室里进行交流，课后把作业和课程相关资料发布到网上，学生则在网络上完成课后练习，教师通过测试软件对学生进行作业评改，并把每个学生的作业情况输入测试软件中，以达到因材施教的目标。该模式不是建立在面对面直接交往的基础上，打破了传统的"就学"观念。它是以个别化学习为基础的、开放的、更能体现学习者主体性的教育形式。它克服了传统教育在时间和空间上的障碍，为那些不能或不愿利用面对面教学形式的学习者提供了学习机会。它减少了人们在时间、费用、信息缺乏、交通不便、程序复杂等方面的学习障碍，为人们提供了参与学习的机会。据一份报告表明，网上教育可以减少 40% 的时间和 30% 的费用，而多学了 30% 的课程。

总之，根据高校图书馆员的具体情况，科学选择、综合使用各种教育模式是有效开展馆员继续教育的必要条件。然而目前，在国内高校图书馆员继续教育活动中，不同程度地存在着模式单一、盲目应用的情况。这是继续教育效果不理想的主要原因之一。继续教育应该能达到提高认识、更新知识、增强业务能力、开发创造能力的目的。在当今的知识经济时代，全体馆员只有树立终身学习的理念，不断地进行知识更新，才能超越自我，跟上时代发展的步伐，才能提高高校图书馆的服务层次。

第四节　完善高校图书馆制度

高校图书馆制度是高校图书馆的支撑系统，是高校图书馆事业建设和发展的中轴。它规范着高校图书馆组织和人员的行为。如果制度具有科学性和前瞻性，可以推动高校图书馆事业的发展。反之，如果制度落后僵化，则将阻碍高校图书馆事业的发展。

一、制度及高校图书馆制度的含义

广义的制度是调整人类行为的规范，包括法规、章程、规则、条例和规章、规程等。高校图书馆制度是高校图书馆内部的有关高校图书馆组织和人员行为的法规和标准的总和。它包括：

（一）组织制度

它规定高校图书馆的地位、机构设置、人员编制、职责权限、活动原则以及对部门进行变更的程序等，如《普通高等学校图书馆规程》。

（二）领导制度

规定高校图书馆的领导体制，如馆长负责制还是集体负责制，还规定领导者的任期、职责权限和产生方式，如选举制还是委任制或聘任制等。

（三）行政管理制度

主要包括对各类人员的要求标准及考核、晋升、奖惩的方法，还有经费、设备的管理使用原则等，它是针对人、财、物、后勤、环境等行政管理事务而制定的行政规范和行为准则。如财务制度、卫生制度、保卫制度、人事制度等。其中人事制度是主要的制度，它是高校图书馆关于人事行政、人事管理的规范，包括对高校图书馆工作人员的录取、任用、考核、培训、调配、奖惩、工资、福利、退休等一系列的具体制度，如《高等学校图书馆职工考核奖惩制度》。

（四）业务工作制度

它是为业务部门和专业人员就具体业务工作制定的操作规范，主要涵盖文献工作的采、编、藏、阅、咨询等相关制度，以及情报服务、技术服务等相关规则。由于业务性规范涉及众多业务环节和管理层面，因而它在规章制度体系中占有较重的分量，它由业务工作制度，如《书目数据规范制度》；业务工作细则，如《图书采购细则》《中文图书分类细则》；管理条例，如《电子阅览室管理条例》等规章制度组成。

（五）岗位责任制度

是指在高校图书馆内部的各个职位之间进行责权划分的制度，也就是根据高校图书馆每个部门的任务设置工作职位，进而确定职位的责权范围和因事配人的制度，如《高等学校图书馆馆长岗位责任制》。

（六）读者服务规范

主要明确读者利用高校图书馆的权利和义务，体现高校图书馆服务至上的原则和主客体的相互依赖关系。

以上六个方面共同构成相互联系、相互制约的高校图书馆制度体系。

二、制定高校图书馆制度的原则

高校图书馆制度对于保障高校图书馆的稳定和发展，实现高校图书馆的工作目标起着至关重要的作用。那么，在制定高校图书馆制度时应遵循怎样的原则呢？

（一）合法性原则

首先，制定制度的主体要明确、合法，要有明确的制度编制人员，依据相关的法律和政策，按照一定的标准，有目的、有计划地制定制度。其次，制度的内容必须准确、合法。制度内容必须准确明了，不得模棱两可，并且要符合国家宪法和法律的规定，在制定规章制度时，要以国家已颁布的法规、标准、规范等作为依据。

（二）科学性、规范性原则

由于高校图书馆存在学术性、科研性强的内在规律，因此很多制度在制定时既要有科学性，又要有明确的标准和统一的行文规范，还要具有超前性，要能预见到事物的发展，用动态的思维考虑问题，同时在稳定中求发展，结合实际，易于操作，切实可行。

（三）系统性原则

规章制度体系的形成是一项系统工程，它是一个复杂的有机统一体，必须具有内在的逻辑关联。制度的制订要有完整性，系统性，配套性，要全面具体，形成结构合理的、能够涵盖高校图书馆各项工作的制度网络。高校图书馆制度作用的充分发挥，不能依靠单个制度的单个作用，而要依靠相关制度的成配套的综合作用。不仅要依靠相关制度的线性配套，而且要依靠相关制度的网络配套，才能发挥最佳状态和最高效能的综合配套作用，体现出高校图书馆每个部门的高效率，保证整个高校图书馆的高效率。对同一事物的规范要前后衔接、相互支持，要完整系统地体现出科学性和合理性。若体系零乱、平衡失调，将严重影响规章制度的可信性和权威性，削弱其规范的有效性。

（四）共性与个性相结合的原则

高校图书馆的性质决定其制度体系结构有着许多的共同之处，其主要的规章管理制度都具有相同之处，体现出高校图书馆业务的共性，因此，可以统一制定出制度体系结构，达到制度的规范化，通过规范的制度体系来加强管理，促进高校图书馆各方面的建设。同时规章制度建设又要有个性。要紧密联系实际，一切从本馆的实际出发。根据自身的实际、规模和任务等特殊性，恰当地求同存异，灵活地应用和补充。由于每个高校图书馆都有其不同的特色，因而规章制度建设就要针对各馆的具体情况体现出其个性。可以说，有个性才有针对性，有针对性才有明确的目的性。不然，规章制度建设就会流于形式，从而降低或失去制度效益，使规章制度成为"空壳"而毫无意义。制度的统一性，可以避免各高校图书馆制度的重复建设；其灵活性又可以适应各馆的具体情况，两者有机结合是制定和完善高校图书馆制度体系的重要原则。

三、制定高校图书馆制度的程序

制度的制定是一项大的工程，应按照一定的程序组织实施。首先，要将制度建设放到高校图书馆整体建设和发展中去考虑。建立制度前，先要制定出高校图书馆整体发展规划，让制度同高校图书馆的发展规划和奋斗目标保持一致。可聘请校内外在管理方面理论造诣较深且具有实践经验的专家学者参与制度建设的筹划工作。此外，还要深入研究，反复论证，确立制度建设的指导思想和原则，提出制度建设的方法，制定出制度体系的框架和操作方案。

（一）调研、起草

成立起草小组，在高校图书馆进行广泛的收集素材和调查研究，结合高校图书馆的实际情况来拟订草稿。草稿、初稿、修订稿后，按规定的行文格式形成形式规范、内容健全的征求意见稿。

（二）讨论、修改

广泛地征求高校图书馆同人的意见，在此基础上才能制定出切实可行的高校图书馆的各种规章制度。反复征求意见后，制度编写组再组织对征求意见稿进行审议、讨论修改，再将修订稿下发征求意见，再次修改后形成正式的高校图书馆制度体系。

（三）审批、执行

制度编写者将反复征求意见、反复讨论、修改后的定稿经实践验证后报教育部门审批。将审批后的高校图书馆规章制度行文公布，新的制度从公布之日起生效，并严格执行，原有旧的制度同时废止。

四、高校图书馆制度创新的动因

随着信息技术革命的到来，自动化、网络化建设的迅速发展，管理改革的不断深化，加快了高校图书馆由传统模式向现代模式的转变。在这种模式转换进程中，高校图书馆出现了新形势、新技术、新任务，需要新的规章制度加以规范。制度的建设必须跟上管理改革的步伐，以保证高校图书情报系统有序运转。高校图书馆制度创新是时代的要求，是高校图书馆事业发展的需要，是高校图书馆开展服务工作的基础和保证。

（一）信息技术革命需要规章制度创新

当代科技的发展，尤其是现代信息技术的发展，使高校图书馆管理工作实现了现代化。呼唤新规章制度的诞生，就成为需求中的必然。在网络技术环境下，高校图书馆的信息处理和信息检索手段发生了很大变化，大多数高校图书馆已经实现了书刊采、编、流和办公全程的自动化管理，并逐步在资源配置、检索途径上拓展新的网络化服务空间。当前和今后一段时期，高校图书馆馆藏的数字化和虚拟化又将是发展方向和创新目标。新环境下，高校图书馆在管理、服务、技术等方面面临许多问题，需要加以规范和调整。创新的工作方式和环境需要依托创新的规章制度。

（二）实现高校图书馆事业可持续发展依靠规章制度创新

高校图书馆事业实现可持续发展，需要文献资源、设备资源和制度资源的共同支撑。文献资源、设备资源离不开制度资源的合理安排，同时文献资源、设备资源的优化配置，更需要依靠规章制度的优化配置。从某种意义上说，制度资源的优化配置，在高校图书馆事业可持续发展中起着导向、制约的作用，并影响文献资源与设备资源的配置效率。所以，规章制度的不断创新，适时推出新的制度模式、体系和方案，对于规范和调控高校图书馆的运行状态、确保高校图书馆事业的顺利发展有着重要意义。

（三）提高高校图书馆运作质量和效率需要不断创新制度环境

从我国高校图书馆规章制度的沿革和目前的现实看，规章制度建设在整体上缺乏机动性和灵活性。一般而言，规章制度具有具体性、内隐性和变动性的特征，其中变动性是指它随着社会政治、经济、文化的发展而处于不断发展创新之中。所以，规章制度建设要不断优化制度环境，及时调整和解决规章制度构成要素之间的矛盾性和统一性。只有营造完善且充满活力的制度环境，才能保持高校图书馆的稳定和高效率。

五、创新高校图书馆制度的意义

（一）健全的制度能保障高校图书馆各项工作的制度化、有序化

高校图书馆通过工作职责、业务工作规范等制度，明确、具体地规定了各项工作的范围和应完成任务的数量，明确了每个工作人员的责任、权利和应尽的义务，使管理更加科学化。

（二）制度化管理使高校图书馆工作达到标准化、规范化，提高高校图书馆的工作质量

高校图书馆每个岗位的工作人员不是一成不变的，有了从简单的《装订工作细则》到复杂的《中文图书分编工作细则》等制度，对各项工作都做出具体的规定，工作起来就有据可依，有严格的程序和要求。如果没有这些制度做保障，就很难保持整个高校图书馆各项业务工作的标准化、规范化和连续性。

（三）健全的制度能提高高校图书馆的工作质量和工作效率

影响工作效率的因素是多方面的，其中高校图书馆制度的健全、完善与否是一个极重要的因素。各项制度的完备程度直接影响到工作效率的高低。高校图书馆制度愈健全、愈完善，工作中就有据可依，有章可循，有条不紊，高校图书馆工作效率就愈高；反之就愈低。例如，制度不完备、不健全，就会出现工作中的职责不清、权限不明，从而导致各层次、各部门之间的争功推过等现象，使工作效率低下。

（四）完善的制度使高校图书馆具有统一性，能促进馆内各部门的协调及高校图书馆之间的一致性

高校图书馆作为高校组织系统中的一个子系统，它由相互作用的许多部门构成，高校图书馆要协调运转，必须要保证各部门内部的统一协调，以及部门之间、上下层级之间保持一致性或统一性，这种统一性要由制度来保证。

（五）良好的制度环境能促使高校图书馆持续稳定地发展

稳定性是高校图书馆实现其既定目标和完成具体工作任务的必要条件。高校图书馆要通过制度的途径把高校图书馆的各种管理条例、规章、规则等规范化、固定化、标准化，保持其连续性和稳定性，促进高校图书馆持续稳定发展。如图书分类编目工作中，常常遇到一些边缘学科涉及可放在两个类目以上，若根据本馆的《图书分类细则》进行分类，无论是哪位编目员，都可以将同类的书放入相同的类目，以保持图书分类的持续性和一致性。

六、高校图书馆制度创新的思路

运用资源优化配置的思想，采用纵向继承、横向移植和综合创新的方法，对制度资源进行综合创新。盘活现有制度资源，对制度资源合理规划和有效调配，从而建立起一套全新的规章制度体系。

与高校图书馆的管理体制、运行机制的变革创新相适应，在人事制度、财务制度和分配制度上全面创新。将硬性的规章制度约束与柔性的人本管理思想相结合，用刚柔相济的规章制度，调控和营造积极向上的管理氛围。

科学制定和创新配置部门工作指标、业务规范、计量标准等，使岗位责任更加明确，监督检查更有依据，以此推进基础工作和服务工作的全面改进。

与高校图书馆网络化、数字化、虚拟化发展形势相适应，对网络技术的应用、业务流程的自动化管理、多媒体研究领域数据处理规则，以及新技术、设备、服务等问题，配置相应的制度。

高校图书馆制度创新要体现以下几点：一是规章制度的创新不仅看其自身管理的有效性，更要看其是否有利于读者服务工作，有利于方便读者，是否受到读者的欢迎。二是创新的规章制度不仅要同文献资源和设备资源协调一致，更重要的是能保证和促进文献资源和设备资源诸要素功能的充分发挥，体现出良好的制度效益。三是规章制度反映出一个馆的管理和业务水平，创新的规章制度就要用创新的工作局面去验证，工作局面的创新既是规章制度创新的目的，也是规章制度实践的具体反映。四是高校图书馆始终处在动态的发展之中，创新的规章制度不仅要适应当前高校图书馆全新的管理方式，而且还要有一定的前瞻性。唯有如此，才能保证高校图书馆工作的有序、稳定和高效，才能确保高校图书馆事业的可持续发展。

任何事物都处于不断的发展变化之中，有了制度并不是一成不变，随着高校图书馆的发展变化，制度的约束力、可行性、有效性也会发生一些变化；另一方面新出台的制度虽然通过了以上严格的程序，也不一定就尽善尽美，它需要不断地补充和完善，使其更加成熟、科学、合理。

高校图书馆制度的落实与督促，是优化高校图书馆制度环境的最终目的。有了统一可行的、涵盖高校图书馆各项工作的制度体系，有了健全的、不断完善的制度环境后，在制定制度的目标中只是完成了一半，更重要的是让其充分发挥作用，影响、约束和规范高校图书馆的行为。只有认真贯彻执行，使其落到实处，并有专人检查、督促其执行情况，发现问题及时解决，才能真正起到优化高校图书馆制度环境的作用，达到优化高校图书馆制度环境的最终目的。

第五节　挖掘信息源

信息化社会的基本特征之一就是知识量、信息量成指数增长，记录知识和信息的载体种类繁多、形式复杂、分布广泛，这些都给信息的获取、选择和利用带来了很大困难。信息资源是高校图书馆服务的基础，高校图书馆应充分利用现有资源、技术和网络条件，创新信息源，提高信息保障能力，满足用户不断增长的信息需求。

一、"信息源"概念的产生与发展

人们在生产经营、科研活动和其他一切活动中所产生的成果和各种原始记录，以及对这些成果和原始记录加工整理得到的成品都是信息的源泉，简称信息源。信息源内涵丰富，它不仅包括各种信息载体，也包括各种信息机构，不仅包括传统印刷型文献资料，也包括现代电子书刊。联合国教科文组织出版的《文献术语》把其定义为：个人为满足其信息需要而获得信息的来源。其发展经历了以下四个阶段：

（一）点信息源

当人类意识到信息的重要性，并主动或被动地接收信息时，信息源便应运而生了。它是以点信息等原始信息源为特征，例如古代通过烽火传递军事情报便属于这一类型。早期信息源的概念比较模糊，随着社会的进步和人类社会实践活动的不断深入，信息的内容、范围也越来越广泛，交流信息的方式方法也越来越多样化，信息的作用也越来越大。

（二）符号信息源

随着人类文明的进步，人们获取信息的范围和能力大大加强。自从1946年第一台计算机诞生，信息源发展的第一阶段便开始了。这一阶段主要有三种信息源：数据信息源、文字信息源和字符信息源。数据信息源也称数值信息源或数字信息源，文字信息源和字符信息源又统称为非数字信息源，数字和非数字信息源可以统称为符号信息源。随着微电子技术的发展和微型计算机的产生，各种信息源都以符号的形式在各种计算机系统中流动和相互传递，到达接收者手中并得到各种利用。

（三）多媒体信息源

20世纪90年代是多媒体信息传送时代，也是多媒体技术迅速发展的年代。此阶段不仅有数字、文字和字符信息源，还有声音、图像等。这些多媒体信息源的传送使人和计算机交互更加简便，关系更加密切了。人们对信息源的收集、加工处理、存取和利用更接近自然，更接近人的生活习惯和工作方式。人们利用多媒体信息传递技术，全面协调地实现了声、图、文一体化。

（四）虚拟现实信息源

随着虚拟现实技术的兴起，人们利用虚拟现实技术创建了与真实世界相似的虚拟世界，如虚拟银行、虚拟医院、虚拟展览会和虚拟工厂等等。虚拟现实创建了一个相当逼真的三维视听、触摸和感觉的虚拟空间环境，而且这种三维环境可以随需变换，交替更迭。用户或参加者可以通过虚拟现实技术进入该环境，并通过计算机与该环境交换虚拟现实信息，从而亲身感受三维逼真环境，在虚拟现实的三维环境内进行各种活动和操作。虚拟现实技术的发展和应用从根本上改变了人类的思维方式。

二、信息环境下高校图书馆信息源向多元化方向发展

（一）信息资源载体的变化

传统的文献信息主要以印刷型文献为主，还包括声像磁带、缩微制品等，它们都是以实体的形态展示在读者面前。信息环境下，信息种类异常繁多，高校图书馆信息资源载体还包括网络、CD—ROM、磁盘等，纸质文献向数字化、信息化演变。随着网络信息资源的极大丰富，以纸质文献为馆藏主体的格局被打破，形成纸质文献与电子文献相并存的局面，并且数字化资源正以前所未有的速度充实馆藏，出现了实体馆藏资源与虚拟馆藏资源共有、有序资源与无序资源并存的趋势。信息环境下高校图书馆的信息资源不再只是传统意义上的文献概念，而是包括传统文献、电子出版物和网络信息在内的涵盖范围很广的文献信息资源。

（二）信息来源的变化

传统的文献信息来源主要是通过购买、赠送或交换，以及由本馆人员开发的二、三次文献等。而网络环境下，信息来源不再局限于本馆的馆藏，它还包括网上免费资源和通过网络通信技术向外界"索取"的文献和信息。

（三）馆藏结构的变化

从馆藏文献资料的地理分布看，不仅有本地馆藏文献信息资料，而且有异地信息资料。

（四）读者信息需求的变化

传统高校图书馆的服务对象是有限的，一般面向比较固定的读者群。在网络环境下，不同年龄、不同行业和文化层次的人都可以通过计算机终端直接利用网络信息资源，信息用户成分的变化导致用户的信息需求发生了变化，呈现出社会化、多样化、网络化和集成化的特点。

三、拓展高校图书馆信息源

（一）多途径获取印刷型文献信息

印刷型文献出版途径的增多和数量的剧增，读者文献信息需求的变化，要求高校图书馆全方位、多途径地获取文献信息，满足读者多样化的信息需求。

（二）馆藏文献数字化

现代人的目的是足不出户便可了解和利用高校图书馆的各种信息资源。实现馆藏文献的电子化是网络环境下高校图书馆的一项最基本的工作，是高校图书馆现代化信息服务的重要内容和前提。实现馆藏文献的电子化包括开展对本馆现有馆藏进行科学分类编目、编制馆藏目录、索引等二次文献检索工具等工作，并且将馆藏的传统文献包括印刷型文献、缩微型文献、磁介质文献进行数字化转换、编辑、压缩等技术处理，储存在网络服务器上，实现声像资料的网络视听阅览。在印刷型文献数字化的基础上，对高校图书馆物理馆藏和数字化馆藏按学科门类实施集成化组织与整合，逐步实现馆内资源跨类型、跨载体的信息检索与利用。

（三）购买电子文献

信息资源是高校图书馆开展服务工作重要的物质基础。过去，馆藏文献主要是以印刷型文献为主，随着计算机技术的不断发展，磁盘、光盘、数据库等电子资源日益增多。电子资源以其易存储、检索利用快捷方便而受到广大读者的欢迎。收集电子资源已成为高校图书馆信息资源建设工作的一个重要内容。电子资源是未来高校图书馆信息资源的发展趋势，高校图书馆在优化纸质资源采购的基础上，应逐年增加对电子图书、数据库等电子资源的采购。从目前情况看，数字化资源还不能完全取代印刷型文献，两者将长期并存。

（四）积极开发利用网络信息资源

互联网上有许多免费网络资源，形式多样，内容丰富，如部分工程技术文献、期刊、考试资料、电子图书等，有些可免费下载，但多数网络资源还处于一种无序状态。由于普通读者的图书情报专业知识和时间精力有限，对网上资源了解不全。高校图书馆可根据学校和社会发展需要，根据学校教学科研的信息需求，确定信息收集的范围与重点，发挥专业优势，综合运用专业搜索方法和 Google、百度、Yahoo 等搜索引擎，按专业类别、按用户群体或按用途等收集整理有关资料，分门别类地加以组织，提供给读者使用，作为对馆藏资源的补充，从整体上提高自身的信息保障能力。此外，还可以建立网络资源导航、友情链接或者镜像站点，将无序的网络资源组织起来，以主题树的形式指引用户查找，将读者方便快捷地引到特定的地址查找所需信息。信息资源的组织与整合，是促使多渠道、多载体信息资源有机结合，形成适用性、功能性更强的再生信息的关键。随着网络资源的进一步丰富，高校图书馆资源也将是对网络资源的补充。

（五）馆藏资源特色化

特色是事物所表现的独特风格，是一事物区别于他事物的显著特征。馆藏特色，是一个高校图书馆所具有的独特风格，是区别于其他高校图书馆的不同特点，它包含两个方面的含义：一是指一个高校图书馆中独具特色的部分藏书；二是指高校图书馆总的藏书体系所具有的特点。高校图书馆应根据自身的类型、任务、读者需求、学科及专业建设特点，在信息资源建设方面形成自己的馆藏特色。高校图书馆要建立起有自己资源特色的信息网站和文献信息数据库，其形式有两种：一是建立高校图书馆的馆藏特色。根据学校教学科研需求和本地区经济与社会发展的信息需求以及本馆的文献资源、人力、经费等现实条件，优化藏书建设，做到"人无我有，人有我优，人优我特"；二是根据重点学科、文献资源特色等优势，建立专题数据库。如湘潭大学现在正研制的毛泽东思想研究数据库、潇湘文化建设数据库，兰州大学开发的敦煌学数据库，华中科技大学的机器制造及自动化特色数据库等都是具有馆藏特色的数据库。

21世纪高校图书馆的资源建设目标，不再是积累大量的文献，建设大书库，而是逐步实现资源数字化、特色化，建设全球化的数字高校图书馆，向特色化发展。在网络环境下，每个馆的资源都是由实际馆藏和虚拟资源两部分组成，且网上资源日趋丰富，高校图书馆可借助网上资源来提高自身的信息提供能力。馆藏量的多少，不再是衡量一个高校图书馆的唯一标准。只有结合本校、本地区的需求与特色，形成本馆的特色，才能实现健康、可持续发展。高校图书馆还应对本校师生撰写或编译的专著、教材、讲义及论文，与本校相关的文献，以及在本校召开的学术会议的文献进行收集、整理，经过长期积累后形成本馆的特色馆藏。

（六）挖掘知识信息

信息时代，信息用户对信息服务的期望值及质量要求等都比以往大大提高。他们希望得到的不仅仅是文献本身，还希望获得有深度的信息内容。高校图书馆服务工作不能仅停留在文献整理和收藏上，服务人员要注重挖掘知识信息，提高信息产品的含金量，搞好信息增值服务。重点进行信息资源的深层次开发和知识挖掘，如侧重于系统化的知识信息的整合加工，以专题性的知识信息单元和序列化的知识信息单元体系作为信息资源开发成果的主要呈现形式。编制二次情报资源和三次情报资源等智力型的信息产品，建立各类专题数据库、网络系统和科学的检索系统，动态性地综合报道各类信息资源。借助现代化的技术手段开发出高层次的信息产品，如专题调研报告等。这种带学科性质、专题性质的信息开发工作，既能发挥高校图书馆的人才优势，也可提高信息工作的层次及信息的质量和价值。

此外，对收集、整理的网络信息资源可进行深层次开发，根据用户的需要，将检索获得的各类信息分门别类，按照一定的主题进行过滤、分解与综合，编制成二次文献，形成满足特定用户需要的信息资源。还可利用软件实现与全球计算机的自动链接，对互联网服务器上的主页或文章等信息自动取回，并进行排序或索引，形成一个庞大的主页信息数据库，为用户提供所需信息。另外，还可采取在互联网上建立专业性的信息资源指引库的方法，帮助特定用户集中查找网络上的专业信息，这样可以大大节省用户的时间和成本。

（七）加强馆际合作，实现资源共建共享

随着网络通信技术的发展，很多信息资源可以通过网络检索、获取。用户可以通过联机目录查询所需文献的线索，再由馆际互借获得原始文献或复印件。还可以通过网上文献传递、网络信息检索、网络咨询以及电子邮件、远程登录等形式实现信息资源的共享。网络环境下高校图书馆信息资源建设，要转变观念，树立全局意识，把自身信息资源建设放在全市、全省乃至全国信息资源共建共享的大环境中考虑。各高校图书馆在整合自身信息资源的基础上，应积极参与信息资源的整体化组织与建设，形成信息资源分布式存储和管理、集成化"一站式"信息检索和利用的格局，包括共建网上数据库、联机编目、联合采购大型数据库等。通过深层次合作和信息资源共建共享，各高校图书馆可获取更大的外延馆藏，大大降低信息资源建设成本，提高资源利用率。

在"信息爆炸"时代，传统的信息源已经不能满足现代读者的信息需求。读者更重视高校图书馆的信息提供能力和质量。高校图书馆的服务工作应围绕一切为了使读者最有效地获取他们所需的信息而进行。高校图书馆应全方位、多途径收集、整理、开发和利用印刷型、电子以及网络资源，形成本馆特色。同时，现代高校图书馆服务工作很大一部分需要现代化技术和设施的支撑。因此，加大计算机硬件、软件以及网络的建设和投入，加快高校图书馆自动化、网络化建设的进程，是高校图书馆拓展信息源的前提和保障。

第六节　创造服务对象研究

长期以来，高校图书馆信息服务对象一直主要明确指向校内教师、科研人员和学生。信息服务对教师在增加授课知识量，不断更新、深化教学内容，对科研人员和教师能及时掌握学科最新研究动态、明确科研方向等方面发挥着重要作用。同时对学生掌握和提高获取知识的能力，辅助毕业设计和毕业论文，培养和提高学生综合素质等也发挥了不可低估的重要作用。但随着网络和电子信息技术的发展提高，以及信息资源的日趋丰富，高校图书馆信息服务对象已经和正在发生着变化。

一、新环境下高校图书馆服务对象的变化

（一）校内服务对象的"社会化"

在以往主要为校内教师、科研人员和学生提供信息服务的基础上，学校各级各类人员各取所需、"钟情"于文献信息服务的局面已成现实。学校党务和行政管理人员需要随时

了解和掌握各类相关信息，以便及时了解改革动态，跟上时代前进的步伐。就业和考研信息与学生在校学习和日后发展息息相关，自然成为众学子关注的焦点。普通工作人员只有自觉、及时获取相关信息，才能适应发展中的工作需要。就是一般工人，为了掌握最新技术也不得不与信息主动或被动地建立起联系。高校图书馆提供的各种信息服务，可以并已经涉及学校各类人员、各项工作的需要，已成为全校师生员工日益依赖的新知识源泉。

（二）服务对象广泛化

高校学科门类齐全，涉及社会各行各业，各类专门人才济济。高校图书馆专业设施良好，可提供的信息服务范围涵盖社会各个领域。高校图书馆可充分发挥自己的优势，主动根据各行各业建设和发展需求，分门别类地提供各类信息服务，以满足社会日益增长的信息需求。尤其是切实为当地经济建设提供有价值的信息服务。高校图书馆可充分利用自己丰富的信息资源，以及人才、技术、设备等方面的优势，在保证正常教学和科研的前提下，积极主动与当地企业联系，为他们提供必要的信息服务。随着各行各业、各界人士对信息资源认识的不断提高和事实上存在的紧密依赖关系，高校图书馆信息服务应树立立足本校、面向行业和社会的服务理念，积极扩大自己的服务领域，为整个社会进步与发展发挥应有作用。

（三）"一切用户"观

高校图书馆服务的本质是为了利用，是为了一切用户的一切利用。长期以来，高校图书馆讲的读者服务是"凡利用高校图书馆所提供的条件进行阅读的人即为高校图书馆读者"。随着时代的发展，读者的内涵和外延已经发生了变化，现在更多讲的是用户服务。"用户"已经超越了读者的概念。过去问高校图书馆有多少读者，看发了多少借书证就知道了，只要是到高校图书馆来借书的和来看书的人都是读者。但是现在，用"阅读"限定的读者概念不能概括所有高校图书馆的服务对象。例如，有的人到高校图书馆来，不借书看书，只是寻求咨询，这一行为表现为"使用"高校图书馆的智力。有的人到高校图书馆，不为阅读或咨询，而是来参观高校图书馆，或到高校图书馆来休息一下，使用高校图书馆的环境资源和家具设施，这一行为表现为"使用"高校图书馆的物理资源。而且，对读者概念最大的改变是因为网络的出现，网上高校图书馆的发展，使高校图书馆用户不再限于本地，而是遍布天涯海角。假若外地的一个人，无论在美国的某一个角落还是在非洲的某一个角落，只要他点击了本地高校图书馆的网站，他就是高校图书馆的用户。网络时代，高校图书馆的用户到底有多少，不再是用借书证来统计或用到馆人数作为依据，现实的用户除了利用物理高校图书馆的人数外，还包括访问网上高校图书馆的人数。人人都可能成为高校图书馆的用户（潜在用户），用户服务已经突破了传统"读者服务"的人数、时间与空间的限制。高校图书馆应将社会的每一个人都作为自己的服务对象或潜在的服务对象，高校图书馆为所有利用高校图书馆的人服务。

二、创造服务对象

（一）变潜在服务对象为现实服务对象

所谓潜在服务对象是指具有利用高校图书馆的需求，但还没有使用高校图书馆的人。创造读者的第一步就是要把潜在服务对象变为现实服务对象。高校图书馆资源在没有被利用时，只有潜在的价值。尤其是图书作为信息、知识的载体，可以被反复利用，不像其他物质产品，使用后就会损耗，如一块面包，吃完了，这块面包就消失了。将潜在的服务对象变为现实的服务对象，可以最大限度地实现高校图书馆的价值。现实服务对象少了，高校图书馆的资源就会闲置，这可以说是资源的浪费。现代高校图书馆的服务，不能坐以等待，重要的是去创造更多的现实服务对象。

潜在服务对象的存在是一种客观现象，其原因是多方面的。从高校图书馆服务的角度分析，主要有以下两种原因：首先，高校图书馆工作缺乏主动性和竞争意识。高校图书馆是一种非营利性的公共事业，它的经费主渠道是靠单位拨款，读者的多少并不影响员工的收入，读者少反而落得清闲，这就导致他们不去主动创造服务对象。但是，读者占有率仍然是衡量高校图书馆工作质量的重要标准。其次，高校图书馆的管理者主要追求图书数量的最大化，追求检索工具的先进性，而忽视了追求服务的高效率。重硬件建设，轻服务的提高。硬件是看得见，摸得着的，而服务却是无形的，它不能储存，也很难准确评价它的好坏，因此，容易被人忽视。

针对以上原因，高校图书馆要变潜在服务对象为现实服务对象，必须更新服务理念，变被动服务为主动服务，变重藏轻用为藏用结合，提高工作效率。

首先，要宣传高校图书馆，主动展示自身的藏书、检索工具和服务模式，让读者了解高校图书馆。可以通过开设讲座、引导参观、放映介绍高校图书馆的录像等来推销高校图书馆。不但要介绍丰富的馆藏和先进的工具，还要介绍高校图书馆从以书为本到以人为本的服务理念，具有特色的服务模式。服务的有形展示主要展示服务成果、服务环境、服务设备、服务人员等，以良好的服务来吸引读者。

其次，以动态的思维营造读者。所谓高校图书馆要以动态的思维来开展读者服务工作，是指不仅能满足现实读者的要求，更要努力探索潜在读者的需求规律，不断吸引新的读者。只有改变陈旧的观念，跳出已有的思维定式，才会探查到潜在读者的需求。了解潜在服务对象，对潜在服务对象进行调查和分析，在此基础上进行个性化的服务。高校图书馆工作者不要只是"等待读者"，而应主动地了解读者，通过问卷、个别访谈、开座谈会等形式了解潜在服务对象的情况，有针对性地提供服务，将其潜在需求变为现实需求。

第三，为读者利用高校图书馆提供必要的学习条件。现代高校图书馆的检索工具都是现代化的，将计算机技术、现代通信技术、网络技术连接在一起。这种现代化的检索技术需要一定时间的学习才能掌握。读者要查找资料，需要具备检索知识。有的潜在服务对象因为没有学习过文献检索知识，没有使用现代检索工具的技能，而没有利用高校图书馆。因此，高校图书馆工作人员可以开设文献检索课、讲座等，对潜在服务对象进行培训，促使潜在服务对象变为现实的服务对象。

（二）变偶尔服务对象为经常服务对象

创造服务对象的第一步是将潜在服务对象变为现实服务对象，但现实服务对象利用高校图书馆的情况也是不同的。有的只是偶尔有利用高校图书馆行为，我们将之称为"偶尔服务对象"，而有的却经常与高校图书馆建立利用关系，可称之为"经常服务对象"。要充分利用高校图书馆资源，就应有更多的人经常地利用。所以，创造服务对象的第二步是将偶尔服务对象变为经常服务对象。偶尔服务对象的主要特征是利用高校图书馆的次数少，态度不那么积极，需求不强烈，经适当引导就可使他们经常利用高校图书馆。

正确把握读者需求的脉搏、变化、趋势是变偶尔服务对象为经常服务对象的重要基石。我们可以把读者利用高校图书馆分为两个层次：一般利用和知识利用。一般利用者没有明确的指向，需求也不稳定。此时高校图书馆可以良好的软件、硬件环境，丰富的信息资源和优质的服务留住读者。为了适应读者知识利用的高层次需求，高校图书馆服务应实现从信息管理向知识管理的转变。首先要对文献进行深加工，对信息进行整序、加工，使信息更加系统、规范，符合不同读者的需求，这是一种再创造，既客观地反映了信息的本质，又体现了高校图书馆工作者的聪明和才干，弘扬了主体精神。其次，建立特色馆藏，使信息资源或读者服务具有特色。信息资源的特色主要体现在地域性或时代性方面，每个高校图书馆的所在地域均有历史文化积淀，有一批本地域特有的文献，做到人无我有，或人有我全。在信息资源共享的环境下，一个高校图书馆如果拥有特色的图书资源，将会吸引更多的读者。服务特色虽然属于"软件"，但它仍然是争取读者的重要因素。

（三）变一般服务对象为积极服务对象

潜在服务对象转化为现实服务对象之后，仍然存在着继续发展的过程。高校图书馆如果不能把握这个过程，现实读者还会逆转。因此，高校图书馆应开展丰富多彩的活动吸引读者，不断提高读者获取信息的能力，巩固服务对象。

发展和巩固服务对象的最高境界，是培养一大批读者积极分子。"积极读者"名称盛行于20世纪五六十年代，是指以读者身份直接参加高校图书馆服务和管理工作的社会成员。积极读者把被服务者与服务者统一起来，从深层次上揭示了读者与高校图书馆的关系，体现了以读者为主体的现代高校图书馆学思想。

实现现实读者向积极读者的转化，首先要对读者进行文献知识的培训，使读者了解和掌握高校图书馆信息资源的类型和特点，以及使用方法和条件上的特殊要求，努力提高读者的信息检索能力，为读者充分利用不同载体形态的信息资源打下牢固的基础。其次是帮助读者熟悉高校图书馆的业务工作和各项服务，吸引读者参与服务、参与管理，提高读者利用高校图书馆的自觉性和积极性。

总之，发展服务对象，培养一支积极读者队伍是依靠读者力量办馆的具体体现，其实质是促进高校图书馆事业的蓬勃发展。

第七节　拓展服务手段

随着现代技术的迅猛发展，全球网络化浪潮的兴起，一个以计算机技术、网络通信技术、光纤技术、数字卫星技术为主要信息传输载体的新的信息环境已经在我国形成。"信息高速公路"的建设和计算机网络的普遍应用，促使高校图书馆迈进了网络化的发展阶段。网络环境使传统高校图书馆的信息资源空间和服务空间得到拓展，并使传统的工作方式和业务流程发生了深刻变化。高校图书馆现代化建设是时代的要求，是社会发展的必然。高校图书馆通过不断拓展服务手段，使现代化高校图书馆功能得到更充分的发挥。

一、信息资源数字化

传统高校图书馆提供的信息资源包括印刷型书刊资料、缩微资料、视听资料等，都是静态、实体型的。随着电子信息资源的蓬勃发展，高校图书馆的馆藏载体、馆藏构成发生了深刻的变化。高校图书馆的资源由单一的印刷型向声像型、电子型等多媒体并存方向发展。

利用现代信息技术的微电子技术研制而成的电子出版物，如软盘、光盘，以其体积小、存储容量大、易携带、检索便捷等优点，改变了我国高校图书馆现有馆藏结构，完善了我国高校图书馆现有文献信息资源体系。利用扫描、复制技术，很多高校图书馆还将本馆印刷型资源数字化后提供给读者利用、保存。

数据库技术的发展，使日益增长的无序化信息资源，按照一定的数据结构规范化、标准化地分类贮存在微机上或磁盘、光盘中，使信息资源能够通过数据库得到更加科学、有效的管理，能及时准确地提供给读者查询、检索、阅读和使用。目前，数据库向多元化、多媒体化、服务界面智能化发展。而网络数据库，由于在信息资源服务技术方面较联机数据库和光盘数据库更具优势，因此，在未来高校图书馆业务发展中将呈现更强大的功能。

以网络为依托的高校图书馆，不再是封闭的馆藏体系，网络上可供利用的电子信息资源以及可以联机检索的其他馆的馆藏电子信息资源，以其分散性、丰富性、共享性构成了高校图书馆的虚拟馆藏，成为传统高校图书馆物理馆藏的一种强有力的补充，使高校图书馆可利用的信息资源得以极大丰富。网络环境下，衡量一个高校图书馆的规模标准，不再以馆藏数量、馆舍大小为主，而是侧重于文献信息的拥有范围和提供能力。高校图书馆的工作重点向收集（或组织）、处理、存储和提供利用各方面信息资源转移。通过网上电子信息资源的存取和本馆电子出版物及馆藏资源的利用，高校图书馆更加便捷地为读者提供内容丰富、形式多样的服务活动。目前我国许多高校图书馆均已建成各种多媒体阅览室或电子阅览室，使传统的服务手段，向着现代化电子文献服务手段转变。一些多媒体电子阅览室在加强自身业务建设的同时，也使新形式的、多样化的、可为读者文献信息需求提供电子化服务的技术措施得以有效推广。多媒体文献信息检索，在改变我国高校图书馆多年来传统性文献检索服务技术和手段，改变信息资源传输技术与模式，提高文献信息资源利用率和利用质量方面，产生着日益强大的功效。伴随着多媒体阅览室、电子阅览室的创建而提上高校图书馆现代化建设议事日程的高校图书馆多媒体数据库检索方式的构建，将成为高校图书馆业务新拓展的目标，这必将使高校图书馆文献信息资源现代化建设产生一个大的飞跃。高校图书馆将走上一条印刷型资源与数字化资源共存互补、协同增长的现代化发展新途径。

二、信息资源管理自动化

（一）高校图书馆设备现代化

提供先进的、人性化的各种设备。这些设备包括计算机网络终端，各种数据库、复制文字和光盘的机器设备，也包括常规的阅览设备和节约设备，同时还有休闲和娱乐设施。

（二）信息组织、管理集成化

现代化的设备和网络通信技术的广泛应用使高校图书馆资源组织与管理自动化成为可能，并从联机编目、联机检索向大型高校图书馆自动化集成管理系统发展。高校图书馆自动化集成管理系统的普遍应用，不仅改进了高校图书馆的基本业务及技术手段，增强了我国高校图书馆各项业务工作的运行机制和运行功能，推进了高校图书馆信息管理和读者借阅服务的现代化进程，还使高校图书馆在推动社会经济发展，增进文化教育和传播科学知识等方面的功能和作用得到更加充分的发挥。

（三）主页设计人性化

目前，绝大多数高校图书馆都建有自己的主页，内容包括本馆概况、馆藏分布、开放时间、借阅规则、网上咨询、规章制度、电子资源、书目检索、学科导航、网络导航以及其他服务介绍。各馆主页设计都充分考虑读者需求和利用方便，设计合理、周到，界面友好。高校图书馆内通常配备大量在线目录查询机，另外还配有数十台计算机供用户自己查询网络数据库、光盘和电子期刊等，为用户提供了极大的便利。读者利用高校图书馆主页上的查询系统，在不同地方，从不同途径查询馆藏目录，进行网上图书预约、续借和下载所需资料，并查询个人借阅情况等。通过建立电子资源浏览系统，读者可以在高校图书馆设定的多媒体阅览室或利用个人终端检索光盘数据库及网络浏览，包括本馆经数字转化后的馆藏资源和电子出版物，也可以通过高校图书馆主页链接而获取国内外的书目、索引、文摘类文献和各种在网上订购或免费查询的资料库、电子期刊、电子报纸以及多媒体电子出版物等。服务对象不需要直接来馆，也不受开馆时间限制，可以通过电脑终端上网随时查询到所需要的资料。

传统高校图书馆大多都有自己特定的服务对象和相对稳定的读者群，高校图书馆的读者服务活动主要围绕"本馆"读者进行。电子计算机技术、现代通信技术和网络技术的应用将逐步突破高校图书馆之间的严格界限，未来高校图书馆是一种以电子计算机和通信网络联合起来的高校图书馆的集合，在这种网络化的文献信息交流系统中，每一个高校图书馆都是地区、全国乃至全世界信息网络的一个节点，每一个加入网络的单位和个人都可以利用网络系统内任何一个高校图书馆的文献信息。对于某一个高校图书馆来说，其所在网络系统内任何一个使用本馆文献信息资源的人都是自己的读者。因此，高校图书馆的读者群不再受开馆时间、地域范围的限制，数量、范围、群体变化都向开放式延伸，较之于传统高校图书馆，现代高校图书馆将承担更多的社会责任，发挥更大的社会服务功能。

在网络环境下，高校图书馆利用网络和现代化服务手段，加强了馆际间、区域间联系，建立了全方位、多元化的信息服务体系。使不同类型的高校图书馆在不同地区、甚至于在不同国别，通过四通八达的信息网络将不同读者与所需的信息资源连接起来。

三、服务方式现代化

传统高校图书馆的读者服务主要在两个层面进行，一是外借阅览服务，用于满足读者对印刷型书刊资料的一般性借阅需求；二是参考咨询服务，包括咨询解答和书目参考，主要通过手工操作方式指导读者利用高校图书馆，帮助读者检索、利用印刷型文献资料。随着高新技术的发展，特别是计算机技术、数字化技术、网络通信技术和多媒体等技术在高校图书馆领域的广泛应用，传统高校图书馆的业务流程、服务手段发生巨大变化。

（一）借阅手段从传统手工操作向计算机应用方向发展

传统高校图书馆读者服务的绝大部分工作属于手工操作，借借还还，取书归架等。随着高校图书馆自动化集成管理系统的普遍应用，借还、阅览都实现了计算机管理。通过高校图书馆的自动化集成管理系统，读者可以查询馆藏目录、个人借阅情况，进行网上荐购、网上预约、网上续借等。高校图书馆通过自动化集成管理系统对读者的信息需求、利用馆藏情况进行统计、分析。随着资源共建共享的实现，读者通过联机检索查询到其他馆的馆藏资源，可以通过馆际互借、文献传递等方式远程获取。

（二）参考咨询网络化

随着网络通信技术的发展，高校图书馆在传统面对面参考咨询的基础上，网上参考咨询得到迅速发展。高校图书馆通过电子表单、电子邮件咨询、实时咨询等方式向读者提供高质量的、专业的、快速的参考咨询服务。

四、现代化服务手段对高校图书馆工作人员和用户的要求

（一）熟练掌握电子信息技术

信息技术的发展日新月异，网上联机编目、联机检索、馆际互借、文献传递、网上咨询以及系统分析和设计维护等都需要现代高校图书馆员和用户掌握现代信息技术。

（二）具备信息分析、处理能力

网络环境下，可以联机检索的信息资源和其他网上信息资源汹涌而至，要在海量信息中快、精、准地获取所需的有用信息，需要高校图书馆员和用户具有科学的思维方法和分析研究能力，对大量无序的信息进行筛选。

（三）具有一定的外语能力

网络环境下，世界信息资源共享程度越来越高，大量的信息从世界各地传来，如果没有一定的外语水平，根本无法采集、消化、吸收信息，更谈不上开发、利用信息资源了。

总之，无限发展的网络环境，给现代高校图书馆带来了勃勃生机，不仅拓宽了高校图书馆的馆藏内涵，也极大提高了高校图书馆的信息服务能力，实现了高校图书馆人多年的梦想。当代高校图书馆人将更加努力，积极探索，以知识为底蕴，以网络为依托，为高校图书馆的发展开创出崭新的局面。

第八节　深化教育培训

读者培训，也称用户教育，是指高校图书馆和其他文献信息机构开展的培养读者信息意识，提高信息资源利用能力的教育。具体是指高校图书馆和文献信息机构有计划、有目的地向读者传授高校图书馆知识、馆藏结构和服务内容，帮助读者了解信息资源及获取方法。其目的是为了提高读者的信息意识和利用能力，使读者服务工作高效化、合理化，促进高校图书馆信息资源的广泛利用。

由于电子信息资源的不断增多和互联网信息资源的引入，当今高校图书馆读者面临的更多的问题是各种信息资源的迅速获取和有效利用。因此高校图书馆应针对不同层次的读者开展各种专业知识和信息技能的培训，如计算机操作技能、光盘检索技术、常用数据库介绍、网上文献检索查询、下载复制技术等，通过这些培训，可以帮助用户掌握网络环境下检索、获取、利用信息的技巧，提高用户的现代信息意识和信息技能。这是今后高校图书馆读者服务工作的一个重要项目。

一、深化读者培训的必要性

（一）信息媒介及信息资源对信息检索提出了新的挑战

首先，伴随网络化和数字化而产生的大规模、多类型、跨地域、非线性的信息资源，是对原来相对集中和规范的传统数据库资源的突破性发展。对于这一新型信息资源，手工方式自不必说，现有计算机处理方式也已多半不适用，需要发展崭新的自动化信息组织和管理方式。

其次，信息资源的分散、无序和更迭消亡难以预测。信息源的无政府状态迫使人们更改相关性判断的概念和标准，用户无法判断网上有多少信息同自己需求有关，查全率等检索评价标准需要重新定义，浏览、查询、阅读、选择等功能比预期目的检索更为迫切和实用。一些持"网络万能论"的读者计算机知识丰富，驾驭网络的能力很强，但他们欠缺的恰恰是信息检索方面的基本知识和技能。他们找到的网络信息，可能在权威性和准确性上尚存疑问，信息的检全率、检准率、获取速度是远远达不到要求的。这些人需要高校图书馆工作人员给予帮助和指导。另一类读者计算机知识欠缺，网络运用能力差，外语水平不过关，面对 Internet 这个庞大、复杂、无序的信息源，感到力不从心。他们在网上花费大量的时间和精力，却收效甚微。

最后，信息内容特征抽取更加复杂化。传统信息检索大都以结构化文本内容特征来组织索引工具，而网络信息除文本信息外，还有图表、图像、声音、影视等信息，需要研究多媒体信息内容特征的表现和抽取索引的手段，并在时效、自动化实现、成本等方面具有实用价值。

（二）从信息组织到知识管理对信息检索提出了更高要求

国内学者认为，从信息到知识是一种内容上的升华，从信息组织到知识管理同样是一种组织层次上的提高。人类的认知就是建立在对数据、信息和知识的分析和组织基础之上的。知识的增长是堆积的，并不是与信息的增长同步。但核心知识、外围知识和虚假知识鱼目混珠，致使知识存取无序化，给人们利用知识带来困难。信息污染造成知识存取无序化，知识存取无序化又推动信息污染，就是这种循环阻碍了对知识的有效利用。如果不对这种恶性循环加以遏制，势必导致知识存取无序化的进一步加剧。因而，知识管理具有重要的现实意义和理论价值。知识是信息中的一部分，是经过提炼的那部分信息。对于人类社会的发展和人类文明的延续而言，信息组织不可或缺，知识管理更是最终的目的所在，后者以前者为基础，而前者以后者为发展目标。

（三）读者信息需要的全方位、个性化

随着科学技术的发展，知识量的激增，学科的交叉渗透，学科的综合性、整体化越来越强。用户对信息的需求往往是多方面的，内容涉及众多的科学领域，既有教学、科研、

生产方面的，又有社会、娱乐方面的需要。形式上既需要公开出版发行的书报刊，又需要非公开发行的，包括会议文献、学位论文以及网上聊天和电子邮件等在内的"灰色文献"。形态上不仅需要文字符号信息，而且需要图像、声音等方面的信息。时效上既需要动态的，也需要回溯的。区域上既需要本地的、国内的，又包括外地、国外的。这些充分体现了读者信息需求的全方位、多层次性。网络化的信息资源在给人们创造了无限信息资源的同时，也带来了信息混乱、无序状态。当人们在信息极大丰富的冲击下逐渐冷静下来时，检索获取有效信息困难，尤其是获取科学技术专深信息困难的问题极大困扰着读者。

在网络环境下，用户不再认为信息愈多愈好，而是对信息更多地趋向专业化、个性化，更多是为了吸取有价值的知识信息，希望得到直接的、实用的信息。同时对信息的新颖性和时效性越来越注重，更讲求信息质量的时效性，信息需求的高效化，要求信息处理能力和信息服务快速、高质。

二、深化读者培训的内容

（一）培养读者的信息能力

传统的"技能"一般指一个人的读、写、说的能力以及适应社会和工作所必要的计算和解决问题的能力。与传统能力概念相比，信息技能的外延更大，特别注重知识和技能的结合。它包括了传统能力、计算机能力、网络能力与多媒体能力，它是指多种能力的相互渗透及综合运用。内容包括：认识网络信息的内容和目标，了解网络信息的组织标引与管理要素，懂得信息网络构成与网络数据库服务。学习网络信息的检索策略与评估方法，建立自身的信息交流网络，尝试网络信息的编辑与发布。认识和使用各种不同的网络信息资源，如：网上非正式交流资源，各种类型的数据库，多种渠道的电子期刊，数量惊人的电子图书与报纸，联机系统与虚拟高校图书馆，网上商情信息与商务网站，社会科学手工检索工具书举要及相关数据库目录等。

（二）加强读者的网络技能

首先应认识网络环境下信息的特征，其次是掌握网上信息处理技巧。即如何定义要解决的问题，如何进行信息搜寻，如何确认信息并进入数据库资源，如何下载和合成信息，如何评价所得到的信息等。要掌握使用的方式，如电子邮件（E-mail）、新闻组群（Usenet）、邮件订阅（Mailing List）、远程登录（Telnet）、文件传送（FTP）等。查询工具有 Gopher、WAIS、WWW 等。应用的范围包括咨询、讨论、分享、展示、反馈等。

（三）加强读者的信息素质教育

一方面，读者需要重新认识高校图书馆，学会利用现代化的高校图书馆。需要熟悉高校图书馆不断更新的服务项目和内容，掌握各种检索方式和各类数据库应用系统。如对中国学术期刊数据库、中文科技期刊数据库、超星数字高校图书馆、书生之家数字高校图书馆等数据库的检索利用等。另一方面，随着信息化建设的不断推进，校园信息网络及高校图书馆自动化建设的完善，读者上网操作越来越方便，因此，要求读者不但要掌握计算机知识，学会使用高校图书馆计算机网络系统，还要掌握情报检索知识及使用计算机获取信息的方法。这样才能迅速获取和有效利用信息资源。

三、扩展读者培训的方式

（一）高校图书馆对读者的教育可采取的方法

其方法有：①改革文献检索课教学，在文献检索课的授课内容上加大计算机检索及网络信息知识方面的比重，培养学生的信息查找能力。②举办计算机应用技能、网络知识等专题讲座，尤其要培训对高校图书馆 OPAC 查询系统、数据库资源以及互联网的有关使用方法。③结合本馆实际编制网络用户手册，内容要简洁明了，针对性强，易学易用。④组织学生参观高校图书馆，告诉他们如何利用高校图书馆，了解高校图书馆的藏书结构、文献布局及利用检索系统查找文献的方法等。⑤加强网络读者咨询，及时解答读者提出的问题。

（二）合作进行用户教育

由不同经历的馆员合作对用户进行培训教育，如由熟悉用户的心理专家、善于各类查寻的检索专家及懂得专业背景知识的高校图书馆员一起，联合对用户进行培训。

（三）改革读者培训，发展网络教育

除已有的灵活多样的短时间（1～2小时）按专题的现场读者培训外，把更多的咨询信息和培训内容制作成网络课件，放在网上。发展互动式多媒体用户教育。用户可与多媒体进行交互，甚至可对其进行增减或修改。它能控制学习的过程和所花费的时间，从而改善用户教育。

坚持"读者第一，服务至上"的服务理念，采用科学管理方法，运用现代化技术，拓展新的服务领域，以人为本，培养优秀的高校图书馆人才，为读者提供优质、高效的服务，是高校图书馆一切工作的重点和核心，也是高校图书馆提高自身竞争力，迈向现代化的必由之路。

第四章　图书馆资源的整合、开放与服务创新

第一节　图书馆异构系统的整合

图书馆数字信息资源整合研究起始于 20 世纪 90 年代后期，近年已成为图书情报界的研究热点。信息资源的整合是将分散在异构信息系统中的异构信息资源进行优化和重组，生成一个逻辑上虚拟的系统或者一个实际的物理整合系统，这个系统更加有序化、智能化、综合化。用户通过统一的用户查询界面，可共享异构信息资源，得到一站式的集成化、个性化的信息服务。影响数字信息整合的因素很多，各种因素之间相互影响并且相互制约。具体表现在信息整合既受到社会经济、知识产权、法律人文方面等的影响，同时在技术层面上也必须要克服异构信息系统的数据具有自主、分布、异构和语义差异的特征。实现系统资源整合必须要能够实现异构系统数据之间的传递、交换和理解，也就是实现异构系统彼此之间的互操作。

互操作是数字信息资源整合的关键技术，是指两个或多个系统相互使用已被交换的信息的能力。在数字图书馆领域，互操作通常用来具体描述同一数字信息资源库的各个组件或不同数字信息资源库之间交换、共享文档、查询和服务的能力。因此，实现异构系统之间的互操作是图书馆异构信息系统整合研究的关键所在。本节将从异构信息系统互操作的多个层次予以分析研究。

一、信息资源整合的体系结构

信息资源整合的体系结构分为 3 个层次，自上而下即：用户表现层、中间应用层、数据资源层。

用户表现层的整合对象是针对信息源，根据用户需求，按照一定的规则和标准，把零散的、分布存在的信息源进行逻辑组织和导引，把合理组织的信息集合呈现在用户面前，方便用户准确快速地定位到目标信息。表现层整合实现相对简单，整合的结果比较清晰，但只停留在信息源表层的信息揭示，不能挖掘深层的知识关联。

中间应用层的整合是一种逻辑整合方法，通过中间件等技术把用户的查询请求转换成相应信息系统的查询语言和检索方法，分别对各个数据资源系统发出检索请求，然后

将各个系统返回的命中结果经过处理后在同一界面上呈现给用户。应用层的整合在一定程度上解决了各个信息系统之间存在的内容交叉、各自孤立等问题，但也只是对信息系统之间的异构性表面的屏蔽。要从根本上解决信息系统之间的异构性必须要实现数据资源层的整合。

数据资源层的整合是解决信息交换中数据信息语法层面异构的问题。不同系统通常采用不同的数据表示方式和存储方式，使得各个子系统的数据形成孤岛难于交互，数据资源层的整合就是使异构系统能识别和处理来自彼此的信息，实现异构系统中的数据能够直接交互，从而实现不同位置、不同语法、不同结构的信息的无缝链接。

在信息检索的整个过程，语义的表达贯穿其中。语义的描述是数据能被计算机正确理解和推理的基础。但是，由于不同主体对现实世界有不同的理解和不同的表达方式，而现实世界又有不同领域之分，不同领域会遵循不同的规则，使用不同的术语和词表、命名方式、数据结构、句法结构等，必然导致不同系统存在语义差异的问题。数据语义层的整合就是解决异构系统数据语义差异的问题。实现在语义层次的互操作是系统整合的最高层面，从根本上解决了不同系统数据异构性的问题。

二、信息系统互操作策略研究

（一）用户表现层整合的互操作研究

用户表现层的整合主要针对信息源，信息整合并非是建立与传递信息，核心内容是资源评估与选择，信息组织与分类。其主要实现方式有信息资源导航、指引数据库、集成搜索引擎等。

（1）信息资源导航通过收集各个异构信息系统的大量的信息地址，运用分类法或主题法从逻辑上将这些地址进行有效的关联，以一定的标准秩序呈现给用户，提供导航服务。

（2）指引数据库不存储具体的信息资源，但对其访问可以指引用户到达特定地址获取所需信息的数据库，是经常使用的信息资源组织方式。用户使用指引数据库查询信息可以通过层层浏览的方式，直至查到最需要的信息线索，再通过信息线索链接到相应的网络信息资源。

（3）集成搜索引擎在互联网界面上链接若干个独立的搜索引擎，一次检索输入、多引擎同时搜索，搜索结果以同一界面呈现给用户。

用户表现层整合使得各个异构信息系统的数据资源形成表面的、浅层次的关联。要挖掘深层的知识关联，必须深入到应用层和数据层的整合。

（二）中间应用层整合的互操作研究

中间应用层的表现形式是各类应用系统用来完成数据的加工、存储、组织、发布、管理、检索、服务等。应用系统的实现必须要克服不同系统由于软硬件、操作系统等不同引起的系统异构问题。异构系统互操作前提条件是实现系统彼此无障碍的通信与互联，目前采用以下互操作技术来实现。

1. 跨平台支持

异构环境下系统互操作的核心问题是实现异构系统的数据交换，CORBA 和 DCOM 是满足这一要求的高级协议。CORBA 作为一种主流的分布式对象技术，是与平台无关的、语言独立的分布式异构软件互操作的标准。它可屏蔽底层硬件、操作系统和网络协议的不同，实现分布式、异构系统、不同代码、不同计算环境下的对象实例间的通信。COM 即组件对象模型，是一种以组件为发布单元的对象模型，这种模型使各软件组件可以用一种统一的方式进行交互。DCOM 是 COM 的扩展，它可以支持在不同计算机上的组件对象与客户程序之间或者组件对象之间的相互通信，不论这些计算机是在局域网内、广域网上或者 Internet 上，从而实现异构系统之间的数据交换。

2. 中间件技术

中间件通常指位于操作系统和分布式应用系统之间的软件层，管理计算资源和网络通信，实现分布式软件模块之间的交互。中间件作为一种独立的系统软件或服务程序，具有标准的程序接口和协议，可以运行于多种硬件和操作平台，支持分布计算，提供跨网络、硬件和操作平台的透明应用和交互服务，屏蔽操作系统或网络协议的差异，实现分布式异构系统间的互操作。

3. Web Service 技术

Web Service 是分布式对象技术在 Internet 中的延伸。Web Service 就是以 Web 环境为基础，在各种现有异构平台的基础上，构筑一个通用的、与平台无关、与语言无关的技术层，依靠这个技术层来实现各种不同平台的连接和集成。Web Service 结合了分布式对象技术和 Web 技术的优势，采用面向服务的体系结构，它以 XML 作为数据描述和交换的标准，以 WSDL 作为服务的描述语言，以 UDDI 作为服务的注册和发现机制，以 SOAP 作为交换信息的协议。Web Service 技术日益成为未来分布式环境较为理想的解决方案。

另外，网格技术、移动 Agent 技术、P2P 技术等也为实现异构系统数据交换提供了不同的解决方案。

中间应用层互操作解决异构系统的数据传输层面的问题，实现异构系统的数据交换和传输。通过实现中间应用层提供的各种应用服务，从内容上实现对分布异构资源的深度交叉和关联。

（三）数据资源层整合的互操作研究

数据资源层的整合要求异构信息系统必须能够识别和处理彼此的信息，也就是要解决信息交换中数据语法层面异构的问题。主要通过元数据的互操作来实现。

1. 通过建立统一的资源描述标准来实现数据层的互操作

为了实现异构信息系统的数据具有互操作性，简单的方案是要求不同系统采用一个统一的信息资源描述标准。元数据是描述信息资源的一种结构化数据，是用来描述信息资源或数据本身特征和属性的数据。元数据可以有统一的元数据标准，在特定领域内建立统一的元数据集标准，如用于描述书目数据的 MARC 元数据；描述档案文献和手稿资源的 EAD 元数据；描述政府信息资源的 GLIS 元数据；描述教育资源的 GEM 元数据等。这种标准化的元数据集为异构信息系统提供了一个基准方法，使得在此基础上构建的异构系统能够超越数据语法层面上的差异，实现彼此之间的数据资源的交互，从而实现数据资源层面的互操作。

2. 通过不同描述标准的转换来实现数据层的互操作

特定领域的异构数据源可以通过采用元数据的统一描述来实现系统之间数据的交换。但不同的领域往往存在多个不同的元数据格式，要实现不同元数据格式表示的异构系统之间的数据交换，必须要实现多个不同元数据格式的解读和转换。目前元数据互操作的主要途径有：

（1）格式映射：可通过格式映射实现不同的元数据格式的转换，例如 Dublin Core 和 USMARC 之间的转换。这种方案坚持不同领域的系统独立的原则，将互操作的机制转移到系统之外，通过外部协调机制来实现系统的互操作。其优点在于各个系统能保持自主性，可互操作的系统在数量和种类上能有较大的成长空间；缺点则是要为每一种加入互操作的系统设计其外部协调机制，当系统数量过多时，任意两种元数据格式都要实现转换。因此，实现上有其很大的局限性。

（2）标准描述框架：这种方案通过建立一个标准的资源描述框架，用这个框架来描述所有元数据格式。只要一个系统能够解析这个标准描述框架，就能解读相应的元数据格式。XML 和 RDF 从不同角度起着类似的作用。XML 通过其标准的 DTD/Schema 定义方式，能够解读 XML 语句的系统就能够辨识用 XML-DTD/Schema 定义的元数据格式，从而解决了对不同格式的释读问题。RDF 定义了由资源、属性和陈述组成的基本模型，通过这个抽象的数据模型为定义和使用元数据建立一个框架，它为元数据提供了一个可操作的载体。这种体系结构通过对通常意义上的语义、语法和结构的支持，从而提供了在各种不同的元数据体系结构之间的互操作性。

数据资源层整合对象是元数据，通过元数据的互操作，实现异构信息系统的数据资源层面的整合。对于半结构化和非结构化的数据，也是先建立其元数据的数据库，然后再实现其整合。数据资源层的整合可以解决异构数据源之间的分布、异构、内容交叉等问题。

（四）数据语义层整合的互操作研究

实现在语义层次的互操作是系统整合的最高层面，也是系统整合的关键和难点。元数据可在一定程度上解决数据语义差别问题，本体技术将有可能彻底解决数据语义差别的问题。

1. 通过 DC 元数据实现语义层次的互操作

为解决系统整合时多种复杂的元数据体系并存的状况，OCLC 提出了一种通用的简单的元数据方案即 DC 元数据，把它作为一种"最小公分母"的语义互操作解决方案，将不同的元数据格式转换成一个共同的格式进行储存和索引。DC 因其包容性强，其他语义更丰富的元数据体系可以映射到 DC 中。在开放文档元数据采集协议 OAI-PMH 中，各种交互的元数据可以通过转换成 DC 格式进行元数据的交换。具体来说，OAI-PMH 提供了一个采用 XML 语言的元数据互操作框架。该框架可以提供数据，即建立和维护元数据，并按 OAI-PMH 的要求将元数据暴露给外界；也可以提供服务，即从众多的 OAI 数据提供者那里通过 OAI-PMH 收割元数据，对动态 OA 数据、静态 OAI 数据和其他非 OAI 数据进行整合，以统一的格式为用户提供增值服务。这种方案并不要求异构系统遵守同一个协议，而是在允许原有元数据结构存在的基础上，要求所有元数据的提供方都支持以 XML 语言表示的简单 DC 元数据结构，就可实现不同格式、不同标准的元数据在语义层面上的互操作。

2. 通过本体实现语义层次的互操作

本体技术通过对术语的严格概念定义和术语间的关系来确定术语的精确含义，用于表示共同认可的、可共享的知识，从而产生计算机可理解的语义。因此，本体是解决语义层次上的信息交换和共享的基础。

本体作为一种共享概念的形式规格描述，明确定义了概念以及概念之间的关系，并通过框架逻辑或描述逻辑等形式化系统提供推理。通过描述和表示特定领域中的概念以及概念之间的关系，本体能够精确定义该领域中各个概念的语义关系，为领域知识的描述提供术语，从而确定某一领域的基本知识体系，表达该领域中的公共知识。由于本体具有良好的概念层次结构和对逻辑推理的支持，所以能够从语义层面解决数据之间的异构性。

目前，语义互操作方案只能在一定程度上解决语义异构的问题。由于不同的元数据标准有其特定的学科或行业背景，因此元数据体系的语义的互操作必然不能通过简单的映射就得到根本的解决。本体虽然为语义互操作提供了解决方案，但本体也存在着异构性，也需要解决不同本体间映射的问题。因此，语义互操作性问题的彻底解决有赖于高层互操作协议，包括元数据交换协议和相关本体标准的建立。要完全解决语义的差别，实现语义的互操作，需要下一代互联网即语义网建立之后，通过本体的技术才能得到真正的解决。

图书馆异构信息系统整合要实现各个异构子系统的互操作，涉及多个层次、多种复杂因素，整合异常复杂，难度很大。现有的技术对于实现具体的、个别的异构系统的互操作是可行的，但要建立普遍意义的互操作规范，尚有很大距离。实现真正意义上的异构信息系统的整合必须要实现数据语义层的互操作。但是，由于语义在各个元数据标准之间的差异较大，实现语义层面的互操作最终只能将通过语义网的本体技术得到根本的解决。因此，语义层的互操作仍是图书馆信息系统整合研究的难点和重点，以后相关的研究仍需加强。

第二节　图书馆的毕业季服务创新实践

近年来，各个高校在利用互联网创新读者服务方面不断推陈出新，开设网络新生教育课程、各种形式的阅读推荐，但是很少提供针对毕业生的服务。实际上，毕业生离校时更需要学校的人文关怀，让毕业生带着对图书馆的温馨记忆和美好祝福离开母校，是一件很有意义的事情。为了加强毕业生与图书馆之间的感情联系，探索满足毕业生高层次心理需求的服务模式，华东师范大学图书馆于 2013 年 6 月推出了毕业生在校期间利用图书馆的纪念册系统——"校园记忆之图书馆生活"（以下简称记忆系统），它反映了每位毕业生在校期间利用图书馆的情况，并且加入了社交网络元素。最重要的是，它为毕业生提供了"校园记忆"的永久保存，受到了毕业生的广泛关注与参与，创新了满足毕业生高层次心理需求的服务。截止到 2009 级毕业生离校（2013 年 7 月 2 日），记忆系统的统计功能显示，其在短短两周时间就被访问了 5627 次，305 名毕业生将其分享到新浪微博，同时在腾讯微博、QQ 空间及人人网的分享与讨论也很多，引起了社会的广泛关注。接下来我们了解一下图书馆毕业季服务建设的总体思路、功能规划、系统实现以及应用反响。

一、总体思路

记忆系统通过呈现每一位毕业生的图书馆生活，拉近了毕业生与图书馆的距离，提升了毕业生对图书馆的认同感、亲切感。其整体思路是对毕业生在校期间留下的数据进行挖掘并获得所需数据，将事先制订好的规则与挖掘的数据融入编写的文案中。依据文案开发系统，在已有详细的流通数据基础上，本节重点从表现形式方面叙述该系统的实现。该系统采用分层的实现方式，整个系统的设计主要分为 5 个方面。

（一）文案设计

记忆系统文案设计的目标是抓住毕业生的青春气息，迎合毕业生的感情需求。该系统的文案用第一人称的角度讲述一位毕业生从入学到毕业的过程，介绍每位毕业生第一次到馆时间、每一学期到馆天数和借书册数、到馆总天数、借书总册数并分析毕业生的阅读倾向等。

（二）规则支持

记忆系统根据不同类别的读者显示不同的用户界面，同时还根据毕业生到馆情况、借书情况等信息，为每位毕业生呈现出个性化的"图书馆记忆"。为了达到这个目的，笔者制定了如下规则：

1. 判断读者类别

读者的类别分为非毕业生、硕士毕业生、本科毕业生三类。如果是非毕业生，该系统只显示一张静止的图片，并告知这个系统不针对非毕业生开放；如果是研究生毕业生，该系统中的在校时间段为三年，学期数为六；如果是本科生毕业生，在校时间段为四年，学期数为八学期。

2. 判断到馆情况

如果毕业生从未来过图书馆，该系统则显示一张表示遗憾的页面。有到馆记录的毕业生，该系统则呈现毕业生到馆数据，并将毕业生到馆情况分为十个级别，用十种到馆称号幽默地表达。

3. 判断借书情况

对于从未借书的毕业生，该系统只呈现一张遗憾的页面；对于有借书记录的毕业生，该系统根据其借书的总册数将其分为十种级别，每种级别对应一种称号。该系统能够分析毕业生借阅历史中所借图书的类型，并对其借书类型进行归纳、分析，从而判断毕业生借的哪一学科的图书最多，以确定毕业生是哪一种阅读特质的读者。

（三）数据挖掘

毕业生在校期间在图书馆留下的数据有入馆时的闸道机数据和在图书馆借书的借阅数据，这也是记忆系统的主要数据来源，系统通过对这两方面的数据挖掘，统计出每位毕业生到馆与借书信息，分析毕业生的借阅倾向。

（四）数据安全

读者留在图书馆的数据是读者的个人隐私，未经读者同意，公开读者的图书馆数据可能会泄露读者的个人隐私，造成不好的影响。记忆系统将毕业生的个人数据嵌入到"个人图书馆"账号中，毕业生通过自己的图书馆账号验证后才可以访问该系统，并且该系统有分享功能，对于信息保密或者分享完全由毕业生自己决定，这样设计使该系统灵活、自由，同时又最大限度地保护了毕业生的隐私。

（五）系统架构

记忆系统采用分层的方式来实现，共有四层，分别是表示层、应用层、业务层与数据层。表示层主要是指浏览器端，实现与用户的交互，将笔者设计好的文案通过网页显示出来；应用层主要负责传送 http 请求，并将用户的操作发送到业务层；业务层负责对毕业生的操作进行处理，通过毕业生图书馆账号在数据库中检索对应的图书馆信息；数据层由本地数据库提供，负责数据的存储与管理。

二、功能规划

记忆系统的功能主要是形象、生动地呈现毕业生的图书馆生活，并永久保存毕业生的"图书馆记忆"。根据图书馆为读者提供的服务，该系统的功能主要有两个方面，即记录毕业生到馆情况与借书情况。作为一个完整的系统，记忆系统的模块还包含封面、阅读倾向、提醒服务、图书馆祝福及分享模块，根据系统呈现的顺序，笔者依次、详细介绍各个模块的功能。

（一）封面

该系统显示一张"图书馆记忆"封面图片，包含毕业生的姓名与在校的时间段。如果是非毕业生，则说明该系统只针对毕业生开放。

（二）到馆情况

①第一次到馆：通过一张图片呈现毕业生第一次到馆的时间、地点及距离开学报到的时间。②到馆总天数：统计毕业生在校期间在图书馆度过的总天数与在校的总天数，并且动态生成一个到馆指数与称号。该系统制定的到馆指数共分为十个等级，用 5 颗星表示，每增加一个等级增加半颗星，如果五颗星全满，就给毕业生一个"泡馆达人"的称号。③每学期到馆天数：动态生成毕业生在校期间每学期到馆天数的柱形图，生动、形象地呈现毕业生每学期到馆情况，由于本科生与研究生的学期数量不同，柱形图的横坐标数也需要动态变化。

（三）借书情况

①借的第一本书：毕业生在何时何地借的第一本书及其书名。②借书总册数：统计毕业生在校期间借书总册数，并且根据毕业生借书总册数在全校毕业生中的排名，将毕业生分为十种类别，并赋予不同的称号，如"阅读状元""阅读榜眼""阅读探花"等。③各学期借书情况：动态生成毕业生在校期间各个学期借书册数的柱形图。

（四）阅读倾向、提醒服务、图书馆祝福

①根据对毕业生借书类别的分析，挖掘毕业生的阅读倾向。②提醒毕业生下载自己的借阅历史；提醒毕业生注册读秀，注册后毕业十年内还可以继续使用母校图书馆的电子资源。③用一句名言激励毕业生，鼓励他们带着母校的祝福开启新的人生篇章，同时也将其作为结尾。

（五）分享功能

社交网络已经渗透到生活的各个方面，它也是读者交流感情的重要平台。为了让记忆系统更具影响力，笔者在该系统中增加了与社交网络互动的功能，利用系统的分享功能，毕业生可以很方便地将自己的"图书馆记忆"分享到熟悉的社交网络上，晒出自己的图书馆阅读与生活报告。该系统的分享模块还有一个功能就是保存毕业生的"图书馆记忆"，毕业生离校后，就不能再进入"个人图书馆"，无法再访问到自己的"图书馆记忆"，但是其被分享到社交网站之后，网站系统会自动保存网址，这个网址对应的网站就是毕业生的"图书馆记忆"。因此，记忆系统并不会因为毕业生离校而关闭，其分享功能可以起到永久保存的作用。

三、系统实现

在已有的流通数据基础上，实现数据呈现的方式有很多，如静态网页、动态网页或者客户端。考虑到毕业生的青春气息，笔者采用交互性强、表现形式生动、活泼的 Flash 呈现方式。该系统采用 Flash+asp+access 的开发技术，Flash 实现数据呈现，access 存储处理好的读者数据，asp 负责 Flash 与 access 数据库的通信。Flash 的开发工具是 Flash Pro CS6，系统发布环境为 iis+.net framework 2.0。

（一）系统概要

毕业生通过登录"个人图书馆"访问记忆系统，笔者在其超链接中嵌入毕业生的图书馆账号，通过超链接跳转到该系统的网站时，网站会获取"个人图书馆"超链接中的毕业生图书馆账号，并将其存储在网站的 session（网站用于临时存储用户信息的对象）中，后续所需要的数据都是根据存放在 session 中的毕业生图书馆账号，在 access 数据库中查询获得的。

记忆系统最终呈现给用户的是 11 张包含毕业生信息的图片，并通过 Flash 搭建了一个包含 11 张图片顺序播放的框架。该系统将每一张动态展示的图片都做成一个影片剪辑，利用 Flash as2.0 语言动态加载这些包含图片的影片剪辑，并实现按照顺序依次播放。此时该系统中所有的图片都是可见的，笔者利用 Flash 的遮罩，让 Flash 的当前页面每次只显示一张图片。

（二）asp 为 Flash 提供数据

记忆系统采用 ODBC（Open Database Connectivity，开放数据库互联）的方法来连接数据库，用 access 来存放数据，用 asp 读取数据库中的数据，并将数据发送给 Flash 程序接收。

（三）Flash 获取数据库中数据

在记忆系统的 Flash 中包含 11 张图片，这 11 张图片需要能够动态地显示不同毕业生的不同数据，并与 access 数据库交互。因此，该系统将每一张图片转化为 Flash 影片剪辑，每个 Flash 影片剪辑都通过 asp 程序动态地与 access 数据库交互，以获取 access 数据库中的毕业生信息。Flash 获取 access 数据库中数据时需要用到 Flash 中一个很重要的函数 Load Vars，它使 Flash 具备获取外部数据的能力。

（四）Flash 与数据库的交互

笔者以通过柱形图展示毕业生借书信息为例，说明 Flash 在这一步中读取数据库中数据和画柱形图的两个功能。Flash 根据获得的数据，画出柱形图，柱形图的坐标轴直接画在 Flash 中，根据本科生或者研究生调整横坐标轴的长度。在柱形图中，每个学期借书的高度根据借书册数调整，借书册数最多的学期，其柱形高度最高，并且撑满整个纵坐标轴的高度，其他学期的高度根据借书册数最高的学期等比例调整，以保证柱形图的美观。

（五）分享到社交网络

记忆系统的分享功能采用百度分享来实现。百度分享功能可以将该系统的网页分享到新浪微博、腾讯微博、QQ 空间、人人网、豆瓣等，同时还可在百度中宣传该系统。在分享的过程中，该系统会自动 @ 华东师范大学图书馆、@ 华东师范大学。这种方法可以扩大记忆系统的宣传范围，还可以加入社交网络的趣味性与互动性元素，同时还能将分享添加到微博话题"# 校园记忆之图书馆生活 #"中，通过此微博话题，图书馆可以方便地查看所有毕业生对该系统的评价、转发，统计其在网络上的活跃度。

四、应用反响

记忆系统界面美观、大方、交互性强、设计新颖、访问流畅，其主题抓住了青春气息和时代旋律，与毕业生产生了共鸣。华东师范大学网站关于该系统的新闻在不到一周时间内就被访问了 1000 多次。截至 2013 年，记忆系统的用户数量为 1368 人，其腾讯微博的阅读次数为 1941，分享到新浪、腾讯微博、人人网的次数为 403，从这些数字中可以看到该系统的受欢迎程度。

记忆系统推出以后，收到了很多的赞美与表扬，华东师范大学图书馆新闻网站的留言板上有很多毕业生感谢母校的留言。在分享到新浪微博与腾讯微博的"# 校园记忆之图书馆生活 #"话题中，毕业生之间相互转发彼此的"图书馆记忆"，表达对图书馆的喜欢与回忆，在分享的评论中满满的都是对图书馆的感激，如"太有爱的数据""冷硬心肠如我看过之后也有莫名伤感、激动的心情"等，这也是对图书馆工作的鼓舞。

互联网已经成为大学生学习、生活的重要组成部分，记忆系统抓住这一特点，对毕业生的借阅历史与到馆次数进行数据挖掘，通过设计精美的页面和互动性强的网络开发技术与学生积极互动，创新了图书馆的传统服务模式，吸引了毕业生的关注、参与，既起到了扩大宣传图书馆服务的作用，也拉近了图书馆与毕业生的距离，给毕业生留下了美好的回忆，增加了毕业生的归属感。这是华东师范大学图书馆对读者数据挖掘的一次尝试，也是将读者数据与社交网络结合的一次创新，取得了广泛的关注与好评，探索了图书馆服务的创新模式，通过数据挖掘技术，改进了图书馆服务的理念，增强了个性化创新服务的质量。

第三节　大数据与高校图书馆创新服务

一、大数据的概念

美国政府通过 Data.gov 网站开放政府数据，部分计算机专家首次提出大数据概念，2012 年，美国政府发布了《大数据研究和发展倡议》，标志着大数据已经成为重要的时代特征。2013 年，大数据元年的到来，使数据成为资源，几乎所有世界级互联网企业，都将业务触角延伸至大数据产业。以我国的人口规模和经济体量，以及地区发展差异，注定了我国在发展大数据的过程中必然任重道远。2015 年 8 月，国务院印发《促进大数据发展行动纲要》，党的十八届五中全会更是将大数据建设上升为国家战略。

（一）何为大数据

随着计算机、互联网、物联网的发展，大数据云计算的出现，很多管理服务越来越可以针对每一个人或者每一家企业单位的需求，通过高强度的计算，相当于复杂的数据分析方式，它强调原始数据的采集和积累，但又不是单纯的数据积累和数据再分析，而是在数据发生的过程中就把问题找出来。可以说，大数据是新一代的信息技术，是一种适时的数据分析和反映。其反应速度和结果是高效的，精准的，它的出现必然会掀起一个更迅猛的高潮，据估计 5 年之内，大数据会在中国各个行业遍地开花。

（二）大数据有何特征

大数据是随着人类历史上五次媒介革命而产生的，经历过语言文字到广播通信到后来的视频技术，计算机互联网的发展而来。由平台、数据采集、建立模型、编制代码到最后呈图像。其具有 4 大特点：大量、多样、高速和价值。其核心是数据的积累。

二、大数据给图书馆带来的机遇和挑战

传统图书馆建设是通过馆藏、流通借阅、参考咨询等服务提高其竞争力，使得图书馆资源同质化严重，资源配置极其浪费，重复建设严重。互联网设备的普及，以及高校图书馆资源配置的固化，使得传统高校图书馆读者流失严重，读者到馆率每况愈下。传统高校图书馆备感压力。如何改变这种现状，需要我们每一个图书馆人认真思考。高校图书馆发展至今，一直遵循传统与新技术结合的道路。新思想、新技术的产生，可以让我们吸收、传播、学习得更好，这是我们的机遇。

三、高校图书馆服务模式存在的问题

高校图书馆是以图书资源为媒介通过藏借模式对读者进行服务，只是原始的借阅和还书服务，后来根据需要发展了参考咨询业务，计算机的普及，互联网的发展，尤其是中国知网、超星等商业数据库的推出，移动设备和数字资源的普及和开发，极大地丰富了读者获取信息资源的途径。电子书籍的出现，更是使以纸质为媒介的传统图书馆在读者服务上感觉茫然。要想改变这一现状，需要借助大数据技术对读者需求展开调查和分析，满足读者对图书馆的需求。

四、大数据时代高校图书馆服务创新的策略

高校图书馆是以本校开设学科办学为基础来配置藏书资源，其目的是为学校的教学和科研工作服务，长期以来，都只注重借阅等传统的被动式服务方式运行，可以说只注重了数据收集而忽略了数据的分析，更缺乏分析的结果并采取对应措施。高校要发展，科研学术水平的提高必不可少，这就需要图书馆依托数据资源、转变服务模式，更好地适应高校教学和科研工作。

（一）提高图书馆在高校认知度

长期以来，图书馆在高校科研工作中都是被动式的服务，高校各系之间都有自己独立的资料室，搞科研的都有自己的资料来源，对图书馆参与自己科研项目认同度不高也不积极，而图书馆人员职业构成也很复杂，这就造成了各系室对图书馆提供自己有用的服务产生怀疑。图书馆要改变这一现状，首先在人员职业构成上要改变，只有走专业化的道路，并通过图书馆自身宣传和建设，通过互联、互通，打消对方疑虑，才能提高图书馆在高校的认同感和认知度。

（二）提升馆员素质，创新服务手段

图书馆不只是为本校师生提供传统图书借阅服务，更是为学校教学和科研服务的单位，一切工作都应围绕这一主题，大数据需要采集、导入和预处理，数据量很大且变化很快，需要涉及统计和分析技术。可以说大数据更是一种思维方式，它颠覆了我们以前的认知，是一种新一代的信息技术。它不仅改变了社会运行方式，更是一种基于信息数据的管理和服务创新。笔者认为，大数据是一种显性数据，最重要的是对比和分析，需要投入大量的人力加以分析其规律，并找出其共性和特点。这需要图书馆员通过学习和培训具备相应的专业知识，只有具备了相应的专业知识，提高图书馆员的专业技能，才能依托大数据技术创新服务手段，更好地适应高校的发展需要。

（三）创新激励机制，倡导以人为本

创新离不开人才培养，高校图书馆员是为读者服务的人群，他们自身也是需要激励和关怀的人群，高校图书馆的创新机制首先离不开对图书馆员的激励机制和人文关怀。图书馆合理的布局，幽雅的学习环境，和谐的同事关系和师生关系，良好的职业道德，才是激发图书馆员创新服务的基础动力，真正做到了以人为本，才能使图书馆员和读者有了归属感，从而形成一种图书馆特有的文化氛围。

（四）提高图书馆智能水平，提升资源共建共享

大数据的建立首先是要能够存储数据和处理数据，并且数据来源要实现多源头来印证，图书馆信息资源建设会越来越依赖网络，机器跟网络会智能化，数据会成为信息的代名词，加强适合图书馆的服务技术和设备建设如智能借还设备，自主查重查新设备等，使图书馆

工作人员从简单繁杂的工作中解放出来，提高图书馆服务效率。高校图书馆资源建设不仅要以本校学科专业为基础建设馆藏，更要加强与其他高校图书馆和公共图书馆实现数据相连，实现互通有无，共享数据库和研究成果，根据本校需求有选择地购买如知网、万方等商业数据库，更好地充实本校数字资源。

（五）加强文献建设，开展学科馆员制度

新型图书馆有别于传统图书馆的价值就在于对文献的再处理深度，二次文献和三次文献的整理和研究是体现图书馆价值的所在，高校各学科学术水平的提高离不开图书馆的文献资源支撑，密切图书馆与高校各系室之间的联系，建立适合本校的学科馆员制度，通过大数据的分析和挖掘，建设具有自己特色的图书馆数字资源，在服务中寻求创新。

大数据的到来，不会以个人的意志为转移，它是实实在在的，是社会和经济长期发展和积累的成果。大数据的到来使我们在迈进一个智能化的时代，大数据为高校图书馆的服务创新提供了一个崭新的平台，机会只为勇于实践和探索的人而设立，高校图书馆应依托现有资源，合理运用大数据进行挖掘、分析，创新图书馆服务模式，以高效优质的服务更好地吸引读者把图书馆研究成果运用到教学和科研上面。鼓励读者参与图书馆的资源建设，实现共建共享图书馆资源，不断提高图书馆员的业务水平，使高校图书馆资源配置更加合理，更好地为高校教学和科研服务。

第四节　移动学习的高校图书馆学科服务创新

一、移动学习的含义

从不同的角度出发，学术界对于移动学习的定义有不同的理解。刘建设将移动学习定义为：利用无线移动通信网络技术以及无线移动通信设备等获取教育信息、教育资源和教育服务的一种新型学习形式，其目标是希望学习者能够在任何时间、任何地点，以任何方式学习任何知识。这一定义从硬件设备、内容和目标3个方面对移动学习进行了界定。其中硬件设备是基础，定义中的无线移动通信设备可以包括手机、个人数字助理、平板电脑等；内容是核心，是学习者进行移动学习的目的；目标则是移动学习的发展方向。

二、移动化学科服务的构想

我们可以把基于移动学习的学科服务称为移动化学科服务，移动化学科服务融合移动学习的诸多优势与特点，同时可以利用种类繁多的移动应用（APP），是学科服务新的发展方向。

（一）移动学习应用于学科服务的优势

移动学习作为电子化学习的一种新形式，它继承了电子化学习的众多特点，除此之外，移动学习还拥有诸多传统和电子化学习所无法比拟的优势。

1. 打破时空限制

移动学习区别于传统学习的一大特点就是打破了时空限制。一直以来，读者必须在图书馆里或者必须拥有一台可以联网的计算机才可以利用图书馆的学科服务，即接受服务的时间和位置相对固定。而移动学习时代下的读者，可以轻松打破时空限制，在任何拥有无线网的时间和地点中，都可以利用图书馆的学科服务。

2. 服务门槛低

很多年前，移动学习一直停留在口号和概念的阶段，主要原因之一就是移动设备的价格相对较高，这给移动学习设置了较高的门槛。随着智能手机的普及，尤其是国产大屏智能手机价格的不断降低，硬件设备这一移动学习的最大障碍已经不复存在，相反，相对于计算机的高昂费用，价格相对较低的智能手机已经成为助推移动学习的最大动力。

3. 较好的时效性与互动性

智能手机可以安装种类繁多的社交应用，这些应用具有的互动性和信息传播的时效性毋庸置疑。这些APP可以在读者和图书馆之间建立起实时的信息通道，便于读者快捷、高效地利用高校图书馆的学科服务。

（二）可被使用的代表性工具

1. 移动QQ

截至2014年4月，腾讯QQ同时在线用户数已然突破2亿人次。此外，腾讯的手机QQ技术已十分成熟，用户数量相当庞大。因此，移动QQ可以作为读者和高校图书馆学科服务实时沟通的工具。另外，QQ群也为学科服务团队与大量读者同时互动提供了可能。

2. 微博

微博发布伊始便受到了高校图书馆界的广泛关注，很多高校图书馆都注册并开通了官方微博以作为发布信息的主要途径。目前，业内最大的两家微博服务商新浪和腾讯都发布了自己的手机客户端，以便用户通过手机使用微博服务。

3. 微信订阅号

微信订阅号是腾讯公司的微信团队在其5.0版本中推出的一项新功能。任何用户均可免费开通订阅号，开通订阅号的用户可以发布信息，所有关注此订阅号的用户都可以接收到信息，并且可以与信息的发布者互动交流。目前包括清华大学、沈阳师范大学在内的诸多高校图书馆都开通了订阅号服务，并通过其发布新书推荐等信息。

4. 微信服务号

服务号也是在微信5.0版本中的一项新的功能，用户不但可以利用服务号进行信息发布，同时还可以进行业务办理。包括南京大学、中国人民大学在内的诸多高校图书馆开通了服务号，并在其服务号中融入了 OPAC 与电子资源的部分功能，读者可以通过这些图书馆的服务号完成图书续借、预约、权限开通、电子资源阅览等操作。

（三）高校图书馆学科服务创新

1. 移动信息素养教育

信息素养教育一直以来都是业界极力推广的一项学科服务。但是集中大块时间对读者开展信息素养教育的可行性逐渐降低；另外，数据库资源的常规使用方法已经较为普及，大规模培训的必要性也相应降低。因此一些高校图书馆开始尝试时间相对较短的"微讲座"。以沈阳师范大学图书馆为例，该馆在学院例会时，仅利用 5—10 分钟向院系教师介绍数据库的某些特殊功能，较短的培训时间和较少的培训内容，不但不会影响学院的会议进程，反而提高了培训效果。此外，上海交通大学图书馆对学生的资源培训也控制在 10 分钟以内。这类"微讲座"在移动学习时代具有很强的生命力，高校图书馆可以选取某些特色资源或资源利用技巧，录制简短的培训视频或制作内容精炼的培训课件，发布到专用的移动学习平台供读者学习，以达到信息素养教育的目的。

2. 学科资源的数字化

进入移动学习时代，读者利用移动设备阅读学术专著、学术论文的需求也逐渐显现出来。传统文献的数字化技术已经十分完善，另一方面，各数据库商推出的移动阅读终端说明电子资源的移动化阅读不存在技术上的障碍，这些技术使高校图书馆向读者提供移动化的学科资源成为可能。在移动化学科资源的提供方面，上海交通大学图书馆的经验值得借鉴。该馆与院系合作，由专业教师提供教学参考书目，图书馆负责这些图书的数字化加工及处理工作，并将其上传至专门的移动阅读平台中，学生可以利用移动阅读设备访问该平台，并阅读相关的教学参考书。实践证明，这一工作思路使得该馆的数字化资源得到高效利用，也为同学们提供了新的学习方式，实现了学科服务工作的新突破。

3. 传统服务向移动终端移植

很多传统的、基础的学科服务都需要读者到馆办理。在移动学习时代，这些学科服务都可以移植到移动终端中来。在实际工作中，已经有很多高校图书馆开始尝试利用微信服务号开展移动化服务，但主要集中在借阅、信息查询之类的基础服务范围之内，利用微信服务号提供学科服务的图书馆还未出现。高校图书馆可以尝试将培训预约、数字资源远程访问权限开通、课题跟踪、科技查新等服务的申请表单通过微信服务号提供给读者，允许读者填写电子表单即可开通相应权限或申请相关服务。这在很大程度上简化并降低了读者获取服务的难度，同时，时尚的服务方式也能够激发读者的兴趣，起到一定的宣传作用。

4. 移动化学术信息资源推送

学术信息资源的推送是学科化服务的一项基本工作，要求高校图书馆整合学术会议资讯、科研动态以及其他学术信息，并有计划、有目标、及时地推送给相关学科的师生。业界常用的学术信息推送途径以邮箱为主，读者利用电脑登录自己的邮箱，并阅读这些学术信息。移动学习时代，读者有通过移动设备接收学术信息的需求。新浪、网易等邮件服务商都推出了移动客户端，方便读者利用移动设备收发邮件，这为学科服务提供了良好的平台，高校图书馆不需要任何投入即可满足读者在移动学习时代的学术信息需求。此外，高校图书馆还可建立学科服务QQ群，将同一学科的读者整合在一个QQ群当中，并把学术信息上传至相对应的学科服务群，以便读者随时下载、随时利用。

5.建设移动学术交流平台

移动学术交流平台是虚拟学习社区概念的延伸。远程教育领域中的虚拟学习社区，注重隐性知识的交流和外化，强调的是虚拟学习空间中个体的交流，而交流正是移动学习的重要设备——手机的强项所在。短信和移动社交软件已经让读者对于利用手机进行交流习以为常，这也为高校图书馆建设移动学术交流平台提供了很好的用户基础。一个好的、能够提升学习动机的移动交流平台应当包括允许群发的短信服务、移动RSS服务、允许任何人发布的投票调查功能、移动博客、允许两人或多人交流的即时通信服务等内容。

三、需要注意的问题

（一）服务宣传与资源推广问题

酒香也怕巷子深，再好的移动化学科服务，不被读者熟知和了解也是徒劳。因此，高校图书馆应当敢于宣传自己的服务和平台。①对于宣传材料的设计与制作，力求做到让读者过目不忘。②应当扩大宣传途径，力争利用一切渠道向读者进行宣传。③服务效果是最好的宣传手段，因此，学科服务团队应在服务效果上多下功夫。④找准切入点，选择有意向的学院和教师开展合作，并通过这些成功的案例向其他读者进行宣传。

（二）工作计划与实施步骤问题

移动化的学科服务，尤其是移动学术资源的建设是一项庞大的系统工程，不可能全面铺开，需要有重点、有计划地逐步展开。一方面，如果急功近利，力求扩大服务的覆盖面，难免会顾此失彼，影响服务效果，也不利于工作的进一步展开，因此在服务对象的选择上，应当选取那些学校的重点学科、重点专业优先开展。另一方面，在选择服务内容之前，应当做好充分的调查取证，根据服务对象的特点和实际需求，有针对性地确定服务内容，避免"闭门造车""自娱自乐"。总之，合理的工作流程和较好的工作效果离不开周密的计划与安排，移动化学科服务工作的开展应当谋定而后动。

（三）服务流程与用户体验问题

简单易用的流程是任何用户利用某一服务或产品的主要动力之一，图书馆的服务也不例外。一项报告显示，面对巨大的工作压力，科研人员更愿意选择能简化其工作的信息工具和服务，只要能够帮助科研人员节约时间、简化工作，即便这些工具和服务存在缺陷，科研人员也愿意进行尝试。因此，移动化的学科服务要想收获良好的服务效果，必须将服务流程设计得简单易用，否则就可能被读者所抛弃。同时，移动化的学科服务还应注重给读者提供良好的用户体验，这是驱动读者利用服务的另一重要动力。除了简单的服务流程之外，友好的平台界面、较高的服务效率都能提高用户的体验，因此这也是移动化学科服务需要考虑的问题之一。

（四）服务团队的人员构成问题

移动化学科服务并不是单一馆员所能完成的，因此必须构建一支完整的、职能清晰明确的服务团队。完整的服务团队应包括：①组织协调人员。这是整个团队的核心所在，把握着学科服务的发展方向和服务重点，可由馆长或业务副馆长担任。②服务推广人员。负责移动化学科服务及服务平台的推广工作，可由资源培训馆员担任。③咨询回复及业务处理人员。移动服务势必涉及移动咨询业务，应当由熟悉馆内资源概况、业务流程的资深馆员或学科馆员担任。④技术支持人员。负责移动学科服务平台的维护工作，可由移动学科服务平台提供商或馆内技术人员担任。⑤读者代表。负责从读者角度向移动学科服务团队反馈相关问题，进而提升服务的效果。

（五）知识产权的保护问题

知识产权保护问题伴随着图书馆走过了其发展的各个阶段，从纸质资源时代，到后来的电子资源时代，知识产权的保护问题都是图书馆界所无法回避的问题。到了移动学习时代，知识产权的保护问题更加需要引起业界和读者的重视。对下载到本地的资源设置有效期、限制资源在不同设备之间的复制与传递等技术都可以被应用到移动化学科服务中来，以保证产权人的合法权益。同时，还应加大力量强化读者的知识产权保护意识，尊重产权人的劳动成果和权益，也只有这样，才能保护产权人的创作热情，进而为读者提供更为优秀的移动学术资源。

第五章　互联网环境下图书馆创新服务的提出

第一节　互联网对图书馆的影响与发展趋势

在信息技术发展过程中，建设数字化图书馆是其迎合人们阅读需求的必然结果。从20世纪90年代开始，世界各地已经有许多国家投资于数字化图书馆建设，其中欧美一些国家，如美国、英国、法国、俄罗斯等在短短数十年间都取得了令人瞩目的成果。它们不仅推动了本国的信息化建设，还以"示范"的形式为其他国家图书馆的数字化改革提供了可以借鉴的经验。目前，我国图书馆数字化还处于探索阶段，其具体建设路径还需要结合自己实际情况做出有效的改善。

一、互联网对传统图书馆的影响

（一）传统图书馆的现状

在传统的图书馆拥有一定的实体结构，其管理和储藏的图片文字大多为纸质，在过去，传统图书馆是最受读者青睐的阅读场所，而随着人类社会的发展，传统图书馆存在的问题日益突出。在社会信息化的现在，人们获得信息的途径越来越多，而传统图书馆由于受资金、管理人员、书籍储存量以及图书馆空间等多方面的因素影响，提供的信息和信息传递速度难免受到一定的限制。而且，各个传统图书馆之间的储藏资源不能相互借阅，大大降低了图书的利用率，这就需要图书馆消耗大量的人力和资金去搜集出一系列的信息资源系统。另外，传统图书馆需要很大的投资。由于传统图书馆是一种用来储存书籍的实体建筑物，建立起来需要大量的人力、物力和资金，而且高成本带来的利益却很小。这些问题使传统图书馆在服务模式和日常业务中受到很大的影响，因此对传统图书馆的改革势在必行。

（二）互联网对传统图书馆的影响

在传统图书馆存在的问题日益突出之际，互联网由于其庞大的信息储存功能和快速的信息功能受到越来越多的人选择，而互联网对传统图书馆的影响也越来越明显，其主要体现在传统图书馆的服务模式和业务工作两个方面。

在服务模式上，传统图书馆要求读者在阅览室通过阅读书刊、记录笔记才能获得信息，而数字化图书馆则具有"零距离"的功能，即数字化图书馆可以远距离地服务，尤其是随着远程网络技术的逐渐成熟，读者可以在工作室或家里运用计算机通过网络技术查阅图书，并进行阅读从而获得自己需要的知识。相比于传统图书馆，数字化图书馆可以节省读者大量的时间并拓宽读者的阅读空间，使图书馆的查询、检索、流通等服务工作能够更加高效而准确。数字化图书馆以数字的方式完成信息的储存，这些数据可以集中储存在类似光盘等的电子载体上，也可以通过网络远程控制实现信息资源的共享和交流。

在业务工作上，传统图书馆发生了巨大的改革。传统图书馆中的信息资源均是通过人工操作的服务系统才得以反应，过程复杂而繁多。而在数字化图书馆中，其信息资源的分类编目等环节都是由计算机自动化系统操作完成，工作效率大大提高，在给读者提供电子出版物的同时，通过书目数据库向读者提供信息资源。尤其是计算机网络技术的快速发展，使信息传播不再受距离、空间等因素的影响，数字化图书馆的业务工作也可以远距离通过计算机网络技术开展，信息资源的收集、整理、流通等工作从传统的"人与人""人与书"的方式转变为"人与计算机""人与网络"的方式。而且，信息技术的发展把传统图书馆中狭义"书的中心"的概念扩展到广义上"信息中心"的范围，使读者的阅读更具有效率。

二、互联网背景下高校图书馆的发展趋势

（一）服务特色化

高校图书馆面对的读者主要是学生和教学科研人员，因此图书馆服务需要有较强的针对性，图书馆服务也就具有其自身的特色。同样，读者中也存在不同层次、不同群体的读者，这就存在一个图书馆个性化服务问题。面对读者需求的个性化，图书馆需要有针对性地对不同用户采用不同的服务策略和方式，提供不同的信息内容，用户可以按照自己的目的和需求，在图书馆获取自己所需的信息服务。由于用户个性化信息需求不断增加，用户在知识、信息的获取、应用方面对图书馆提出了更高、更具体的要求。因此，图书馆要结合用户实际需求加强个性化信息服务创新。做好个性化服务必须要有针对性，图书馆应当全面搜集用户需求信息，形成用户个人信息库，定期更新，从而了解读者的信息需求，提供准确实用的服务。同时，根据用户的学业分属、研究方向以及兴趣爱好，充分利用馆藏文献资源有针对性地形成个性化、主动化信息服务。在服务中，应当做好用户服务反馈信息搜集与管理。图书馆工作人员要充分利用用户反馈信息，完善管理工作，从而全面、准确、及时地提供最优的信息化服务，不断提高信息服务总体水平。

（二）服务多元化

多元化服务须从两方面着手：

1. 数字图书馆信息的多元化

实现多元化服务，就需要有馆藏资源的多元化和信息文化的多元化。随着科技的进步和社会的发展，信息资源数量迅猛扩张，文献载体种类也不断增多。相比传统纸质载体，

数字化信息存贮提供了众多便利，图书馆可以有针对性地选择信息馆藏构成，优化藏书结构，形成传统纸质文献、电子文献和网络文献共同构成的多元化综合资源体系。同时，图书馆可以以具有自身特色的馆藏数据库作为图书馆建设的重要目标，建设图书馆自身的特色体系，丰富信息资源，有目的、有重点地采集国内外相关领域的信息资源，然后分门别类加以归纳、整理，为读者提供高效率、优质的多元化服务。

高校图书馆是高校教育活动的补充、延伸与扩展，是读者进行学习和研究、掌握知识技能的主要空间。在高校教育中占据着重要的地位，顺应时代发展中的图书馆应借助资源体系，形成各种不同的学习群体，采取丰富多彩的方式为读者创造一个自由、无干扰的学习、科研环境。还可以为不同读者搭建各种学习、交流平台，满足不同群体多层次、多元化的文化需求。读者需求不仅包括对知识资源的需求，还包括利用图书馆的体验需求。图书馆可利用自身资源，与读者互相沟通，组办文学、摄影、健康、科普等系列化、经常化、公益性讲坛；开展经典诵读、读书沙龙、音乐赏析、书画赏析、公益展览等具有丰富内涵的文化活动。以此为基础，图书馆在传递知识的同时，也成为一个感受文明、塑造自我的文化空间，从而彰显出图书馆弘扬人类文化的重要作用。

2. 信息传递方式的多元化

伴随着图书馆空间的多元化发展，多元服务应是社会对现代图书馆提出的更进一步要求。多元服务就是服务内容和服务方式的多样化，为不同类型的读者需求提供适当的服务。图书馆在做好基本馆藏服务的基础上，积极改善系统配置和设施，充分利用网络技术，才能打造一个新旧兼容、多元并存、相互支撑的新格局，将传统服务向现代数字化、网络化、自助化、个性化服务延伸。

第二节　数字化图书馆技术的特点与建设途径

一、数字化图书馆技术的特点

所谓"数字化图书馆"，就是指采用信息技术对图像、文本、影像等多媒体信息进行处理和储存的图书馆，就其实质而言，就是把信息资源数字化并通过计算机网络技术实现信息资源共享。数字化图书馆除了充分利用其信息资源和实质性的功能之外，还具有其他的很多特征。

（一）信息自动分类

数字化图书馆可以采用人工智能技术、信息技术等根据信息资源的内容、服务对象等相关特点，对互联网上的这些信息资源进行自动化分类，如此一来，节约图书馆管理时间的同时，提高了效率，还可以使不同要求、不同学科的读者在短时间内搜索到所需要的各种类型的信息资源、文档和知识，大大提高了读者的阅读效率。除此之外，根据数字化图书馆的信息资源自动分类的功能，还可以开发图书馆服务上其他相应的功能，例如，信息资源的搜集、保存等。

（二）多媒体资源和数据处于主导地位

随着社会逐渐信息化发展，在数字化图书馆中，光盘、视频、图像、音频等多媒体资源越来越多，相应的，多媒体资源所占的比重也越来越大，且处于主导地位。由于计算机网络技术的发展，互联网上的多媒体信息资源越来越多，而光盘作为媒介，人们对其的需求日益增多，对其的要求也越来越高，因此，多媒体信息资源的创建、保存等问题将会日益突出，数字化图书馆必须进行改革发展，实现对多媒体信息资源的自动化标引、检索、处理、使用等实用性功能，以完善数字化图书馆的服务模式。

（三）保护知识产权

在数字化图书馆信息资源的管理中，知识产权一直是长期以来的一个重要问题，其涉及法律和技术。因此，除了政府制定有关的规章制度对知识产权进行保护之外，在数字化图书馆管理中，还需要具备新的服务功能，例如信息的保密技术、数字水印技术、信息隐藏技术等，能够严格地对信息资源的使用进行认证和保护，避免非法用户对受保护的信息资源进行非法盗用和窃取，充分保护资源拥有者的利益，使数字化图书馆系统趋于完善，并有效保护资源信息的知识产权。

（四）多资源同时自动检索

在数字化图书馆中，Internet 将会产生更多的网点，各个数字化图书馆也将会拥有不同或相同的各种资源类型，数字化图书馆则提供不同图书馆的检测功能，使读者可以同时对不同图书馆的信息资源进行访问，从而提高信息资源的利用率和检索的功能效率。另外，还可以引入网上信息资源竞争机制，让各个数字化图书馆在合作合同或公共协议的引导下，能够进行公平公正的招标。数字化图书馆则为读者自动推荐和选择质量高、价格便宜的信息资源，并为读者自动过滤掉不良的信息资源。

（五）协作咨询

在传统图书馆服务项目中，咨询服务就已经存在，因此，在数字化图书馆中，有效地咨询对读者来说是一项十分重要的服务工作。随着社会的进步，新的学科和技术的种类越来越多，读者咨询的内容也越来越广泛、越来越复杂，使图书馆的咨询工作完成的难度越来越大，导致难以满足读者的咨询需求。然而，计算机网络技术的发展对数字化图书馆网上协作咨询提供技术支持，使不同地区的咨询部门通过计算机网络技术可以进行对咨询问题的讨论、意见交换等环节，共同为同一个咨询问题提供服务。

（六）数字化图书馆具有多功能界面

读者和数字化图书馆系统交流的主要工具就是其功能界面，数字化图书馆的界面对其的使用效率有着重要影响，因此，智能的用户界面对图书馆的改革意义重大。一方面，智能的用户界面可以生动形象地为用户提供所需要的信息资源；另一方面，能够方便相关管理人员添加新的信息资源。

二、数字化图书馆的建设路径

在如今，数字阅读已经逐渐普及，然而，对于如何有效地具体实施在我国尚未形成统一的说法，接下来，我们通过以上的分析对数字化图书馆的建设路径进行探索。

（一）拓展服务功能

虽然数字化图书馆的出现，使图书馆与传统意义上的图书馆有很大不同，但无论是过去、现在还是将来，图书馆的本质不会改变，都是为读者服务的。因此，要强化图书馆工作人员的服务意识，拓展其服务功能，通过自身优秀的服务将信息资源传递给读者，让读者理解并掌握，为读者创造更多的知识财富。在数字化图书馆中，图书馆的大部分业务都是在互联网上运行的，这必然需要相关工作人员熟练掌握计算机技术的操作技能，增强服务意识，提高自身信息资源的搜集、加工等能力，并从读者的立场分析其对知识的需求，从而充分发挥出图书馆的功能。此外，图书馆自身也要增强硬件服务，打破时间、空间的限制，24 小时为读者提供优质的服务。

（二）信息资源共享

在我国传统图书馆的管理模式中，追求图书馆书籍的存量和图书馆自身规模，封闭式管理储存的信息资源，这种僵化的管理模式在新时代的背景下已经过时。数字化图书馆作为新的图书馆模式，不仅仅是技术上的改革，在管理模式和观念上，也应该适应时代的潮流。数字化图书馆可以在日常运营中使用计算机网络技术，采用多种联机检索终端网络来对其他的数据库进行检索，结合自身的特点互相协调，从而达到网络信息资源的共享。读者是图书馆存在的意义，因此，图书馆必须建立以人为本的服务观念，实现传统图书馆与数字化的完美结合，从而提高图书馆信息资源的利用率。

（三）实现管理规范化

若要促进数字化图书馆的可持续发展，对其规范管理是必须要做的。众所周知，数字化图书馆是由传统图书馆的信息资源数字化逐渐发展起来的，丰富的数字化信息资源是其基础支持。然而，将所有信息资源数字化不是短时间内就能完成的，这需要长期的努力和坚持。如此一来，就需要我们从基础开始，一步一个脚印地做起，在此过程中，规范的管理是必不可少的。另外，提高图书馆工作人员的综合素质也是其发展的关键和核心。图书馆应鼓励馆员积极学习数字化图书馆的相关知识，参与相关技能的技术培训，从而使馆员适应新的工作模式，提高数字化图书馆的工作效率。

（四）建设具有特色的资源数据库

无论是在传统图书馆还是数字化图书馆中，信息资源数据库的建设是其最重要的知识财富。数字化图书馆要以"资源共享，共同发展"为基本原则，建设出具有自己特色的数据库，避免消耗不必要的人力、物力和资金。另外在通过资源共享建设数据库过程中，要根据自身实际情况，避免重复建设，而且对各个图书馆的特色要进行客观的评估，并统筹规划、明确分工，从而能够更好地服务广大读者，促进图书馆的健康发展。

随着时代的进步，人们对阅读的需求也随之越来越苛刻，传统图书馆模式逐渐将会被淘汰。而信息技术的发展，对传统图书馆来说，是挑战，也是机遇。因此，传统图书馆要适应时代的变化，利用如今的优秀的信息技术，并结合自身的实际运营情况，改革图书馆的管理模式，提高服务质量，完善信息体系，满足读者多样化的阅读需求，以全新的观念和模式面对新时代的挑战，从而促进图书馆全面的进步和可持续发展。

第三节　图书馆创新服务

国内"互联网＋"理念，最早是由易观国际董事长兼首席执行官于扬提出来的。他认为，在未来，"互联网＋"公式应该是我们所在的行业产品和服务与我们未来看到的多屏全网跨平台用户场景结合之后产生的这样一种化学公式。综合而言，"互联网＋"就是各个传统行业通过与互联网平台的深入合作，来实现行业创新的目标，达到两个行业的共赢，是创新 2.0 背景下各个行业网络式发展的一种新业态。只有创新才能让这个"＋"具有真正的价值、具有实在的意义。成熟的互联网技术与传统行业的各自优势密切结合，为行业的发展带来生机。

一、高校图书馆服务现状

高校图书馆是高等学校的文献信息中心，是为学校教学和科学研究提供服务的科研机构。在科学信息技术日益进步、各行各业飞速发展的今天，高校图书馆也不甘落后，运用科学信息最新技术不断完善自己的硬件、软件设施，让自己走在信息技术应用的前沿。同时，高校图书馆积极提升自己的软实力竞争力，提升馆员素质，转变服务观念，逐步将图书馆由传统的以图书馆为中心的服务方式向以用户为中心的服务方式转变。利用计算机技术、网络技术，完善馆藏信息资源，购买数据库，应用 QQ、微信等公众平台与读者互动，成立学科服务馆为教师提供学科服务等，经过不懈努力，图书馆在创新服务工作方面取得了一定的成绩。但是这些依托于网络信息技术的服务方式与服务内容还停留在服务的初期阶段，仍然是基于馆藏书目数字信息资源检索、馆藏搜索引擎数据库检索的用户主动提问的一种被动信息服务模式，QQ、微信与读者的互动服务也局限在"你问我答"的咨询方式上。在这样的服务模式下，图书馆主动考虑用户的个性特点、为用户提供的主动服务很少。

二、"互联网+图书馆"创新服务发展要素

（一）大数据分析

大数据指的是需要新的处理模式才能具有更强的决策力、洞察力和流程优化能力的海量、高增长率和多样化的信息资产。互联网时代的到来，使人们之间的交流越来越密切，物物互联、人人交互、数据无处不在。尤其是以平板电脑、云计算、手机、物联网、互联网、PC 等为代表的各类传感器更是遍布全球，都可以作为大数据的重要来源和载体而存在。全球互联网巨头都已意识到了"大数据"的重要意义。我国互联网巨头马云就曾提到当今时代正在从 IT 时代朝着 DT 时代迈进。如今，大数据已经通过各种方式和渠道渗透到社会各行各业当中，成为新时期社会又一重要因素，人们对于海量数据的处理运用是互联网化行业创新决策的支撑。图书馆具备"互联网+"的大数据特征，它的馆藏数据、资源利用、用户数据等共同组成了图书馆整个庞大的大数据系统，在对这些数据进行综合分析、挖掘、存储的基础上，快速"提纯"出有价值的信息为用户提供服务是图书馆创新服务发展的方向之一。

（二）互联网技术的有力支撑

互联网技术的发展，使得计算机、通信、移动、云计算等技术被充分运用在图书馆的服务中，为新时期图书馆的服务创新做出了巨大的贡献。"互联网+"的环境下，图书馆文献资源的存储方式、信息传递方式、图书馆与用户的交互方式都发生了重大的改变，互联网技术使用户与用户、用户与图书馆、图书馆与图书馆的联系更加紧密。移动技术的应用与发展带来的移动交互，为普适计算、随时随地在线连接、通信联络和信息交换提供了可能。通信技术随着互联网、光纤技术、数据传输技术的快速发展，数据信息存储与传输方式都发生了重大改变，这也促使图书馆不断转变自己的服务方式。云计算技术在图书馆中的运用，提升了图书馆资源的有效利用，有助于实现图书馆创新服务的深层次服务。在"互联网+"背景下，图书馆通过通信技术、移动技术、网络技术等综合信息技术的强有力支撑获取信息资源，并对这些数据进行挖掘分析，及时推送给用户个人，实现图书馆服务的智能化。

（三）创新服务理念的转型确立

"互联网+"时代，科学信息技术高速发展，图书馆的文献资源结构、馆藏结构等都发生着巨大的变化。新技术的应用与互联网环境下的图书馆发展理念，使图书馆的服务内容、服务方式、服务手段呈现出新的特点。近距离通信、无线传感、RFID 等作为物联网系统三大核心技术，可以实现远程图书与用户之间、图书与图书之间、用户与用户之间的

互联和信息交换。在此种情况下各种新型图书馆服务模式得以出现，如可视化、移动化、个性化、专业化等服务，图书馆服务理念正经历着前所未有的颠覆性巨变。创新服务理念的确立，是保障图书馆实现新时期创新服务的重要基础。

三、互联网时代高校图书馆的创新服务模式

（一）结合用户需求开展用户服务

互联网环境下的图书馆是一个以用户为中心的智慧互联的资源管理机构。随着现代信息技术和网络技术的飞速发展，图书馆用户的需求愈来愈趋向智能化、个性化，图书馆不应该被动地等待用户提出知识服务的要求，而应该利用云计算、大数据技术等，对用户的行为数据进行深度挖掘，从而构筑能全面、真实地反映用户的个性特征和需求特征的用户模型，并在此基础上向用户提供真正的、全方位、立体化的个性化服务。

（二）开发、应用移动阅读

近年来，随着移动应用技术的快速发展，智能手机以及平板电脑等各类移动终端设备在图书馆等各行业中逐渐普及，通过微信公众号、官方微博、掌上图书馆等形式来实施图书馆新时期的移动互联阅读应用。尤其是在微信公众平台中进行新闻、信息的公布，进行图书馆活动宣传，实现与读者的交流互动；通过掌上图书馆，进行图书荐购、下载等。通过超星移动学习通，可线上、线下阅读下载各类文献、学习资料，可加入各类话题圈子，实时进行话题讨论等。移动技术的应用摆脱了物理空间的限制，极大地拓宽了图书馆的服务范围。

（三）基于云服务平台的资源整合与资源共享

随着现代化技术的发展，电子、光盘、数据库、多媒体等文献类型成为图书馆馆藏资源结构中和纸质文献同等重要的资源。由于图书馆的 OPAC 检索系统并未实现与其他系统的无缝对接，资源没有进行整合，用户检索数据过程非常烦琐。用户在利用图书馆搜索引擎检索数据时需要选择不同的数据库，检索结果也只是指定数据库中的信息资源。在云计算技术的辅助作用下可以解决图书馆海量光盘数据的存储空间不足和高效检索问题，实现图书馆资源共享，满足图书馆为用户提供全面、方便、快捷的服务理念。

总之，面对当今时代互联网发展的重要趋势，我国高校图书馆也应与其他行业一样，紧跟时代发展潮流，借助互联网优势作用的发挥来促进高校图书馆服务模式在新时期的创新式发展，为高校图书馆的未来可持续发展奠定坚实的基础。

第四节 面向大数据时代的高校图书馆创新服务

虽然当前大数据没有一个统一性的定义，但是大多数定义都认为大数据是指规模、复杂性超过了传统关系数据处理能力的大量数据，其主要特征为数量、多样、价值与速度。大数据指能够在一定时间中采用常规软件工具实行捕捉、管理以及处理的数据集合，其能够为使用者创造大量的数据信息资源，例如销售信息、检索信息等。

一、大数据的发展趋势

自从 2012 年开始，大数据便成为社会所热议的话题之一，以美国为例，奥巴马政府时已经将大数据作为全球性的战略目标。在我国，2015 年首次提出"国家大数据战略"，许多的部门已经开始着手于大数据的研究与技术开发。对于教育部门而言，也在积极开发大数据的研究工作，这也为我国图书馆的发展提供了一定的空间。

二、大数据时代的图书馆创新服务

（一）分析图书馆数据，提高服务水平

在大数据时代，图书馆的传统业务将向数据分析、数据挖掘方向转移，图书馆的主要业务转为对大量数据的分析与处理。从大量数据中发现的规律越多、找出的潜在价值越大，图书馆的服务水平等也将提升得越快。高校图书馆管理系统普遍应用之后，图书馆积累了大量的读者基本信息、读者借阅记录、读者访问数字图书馆的日志等数据。这些数据中隐藏着读者信息需求偏好、特征读者分类、读者借阅行为规律等重要知识。

分析图书借阅或预约数据，研究读者的阅读倾向，找出最强阅读倾向的图书类别和最强阅读倾向的图书的入藏情况，既可以作为藏书建设的重要依据，构建起读者需要的核心藏书体系；又可以了解读者的知识结构和学习兴趣，以便开展各种类型的文献服务。

分析电子资源使用状况的数据，可对电子资源的馆藏评估及采访策略的调整提供重要的参考信息，可以直观地反映资源利用的程度及特点，有利于图书馆做出电子资源采购、续订、降低规模以及退出等决策。

分析科技查新、信息检索课的数据，可了解查新业务量大和教学任务重的时间段。另外，了解科技查新客户的分布情况，可采取措施，对查新量少甚至为零的客户进行重点宣传，对查新量减少的客户多进行沟通，多增加联系，拓展业务量。

（二）嵌入式服务，为学院教师提供所需数据

大数据技术不仅可以通过数据了解用户的行为、意愿、业务需求和知识服务需求，更

可以利用数据对用户的科研创新合作过程及合作交互型知识服务过程将要发生什么进行分析和预测。在提供数据服务方面，美国、英国等研究型大学的图书馆已经面向不同学科领域开展了大量的实践工作。例如，美国密歇根大学构建的政治和社会研究校际联盟的主要目标是为多元化并不断扩展的社会科学研究提供数据访问，并在数字管理和分析方法方面提供培训。麻省理工学院图书馆提供社会科学数据、地理 GIS 数据以及生命科学数据的机构数据保存和咨询服务。

学科馆员服务的核心竞争力就是嵌入科技决策和科技研究中的个性化动态化知识化服务机制，与具体团队及其问题紧密结合，嵌入其持续过程，针对其问题，动态挖掘与利用信息资源，并根据需求的动态变化不断调整，与用户共同探索问题的解决方案。例如，理工类科研人员在科研过程中，经常需要了解一些数据，他们去搜寻这些数据可能要花费大量的时间。文学院、商学院、社会学院研究人员在课题研究过程中经常需要某些与课题相关的宏观、微观数据，但是他们一般都较难获得这些数据。如果学科馆员采取嵌入式服务方式，深入课题组，了解学院教师的研究方向，及时提供他们所需的数据，这种服务方式肯定会得到学院教师的欢迎。所以，学科馆员应考虑如何深入接触和联系科研人员，以嵌入与合作的方式介入科研活动，构建了解科学数据、获取科学数据、提供科学数据服务的完整方案。

（三）建设机构知识库，为高校监管提供科学数据

为了提高服务水平，许多高校都在进行机构知识库的研究。国外已有高校开始考虑其机构内科学数据的采集、保存、分析和管理，如康奈尔大学的 Data Star 数据中心，支持科学数据的上载与存档，促进科研人员之间的数据共享、鼓励研究团队发布数据、为机构知识库提供高质量的元数据信息。我国也有部分高校建设了机构知识库，但目前仍局限于保存本校师生的期刊论文、学位论文、会议论文等，对研究中产生的实验数据、视频图像、算法程序等科学数据还是缺乏管理和共享。

机构知识库不但要有公开成果库，以提高机构和作者的影响力，更要有科学数据的监管库，把机构内各种系统、各个团队、各个成员散存的各类知识成果记录、集成、再组织，展现机构成果，为团队、成员提供学习、科研服务支持。

越来越多的科学数据直接来源于科学实验设备的原生数字资源，其中蕴藏着大量尚未发现的内容、关系和规律。科学研究的起点可以不再是观察和实验，而是根据自己的需要从前人的研究过程中的任何一点开始，利用其科学数据沿着不同的方向继续研究。

科学数据包括公开和非公开两部分，公开的科学数据是指那些已发表的论文、专著、专利、学位论文和会议论文或通过验收和评审的最终报告、方案等中的数据；非公开的科学数据包括实验记录、报告草稿、教案、培训教程、视频、工作规范、源程序、设计文档等。非公开的科学数据可能涉及机构、部门和个人机密，因此其访问范围可以分为机构内公开、群组内公开和特定成员间公开；访问权限可以有下载、评议，也可设置为不同的访

问权限组合。

（四）走出图书馆，为企业服务

当前，中国企业的管理方式因信息化系统的应用变得精细化，新产品研发速度和设计效率有了大幅提升。企业在实现对业务数据进行有效管理的同时，积累了大量的数据信息，产生了利用现代信息技术收集、管理和展示分析结构化和非结构化数据和信息的诉求。大数据时代，数据资产当仁不让地成为现代商业社会的核心竞争力。数据的分析和处理能力正在成为越来越多企业日益倚重的技术手段，越来越多的企业开始设法从大数据中找出二次和三次商业机会，以实现企业数据价值的最大化。

高校图书馆有为企业建立存储、监管、分析大数据平台的能力，其数据人才应走出图书馆，加强与企业的合作，利用企业随时获取的数据，帮助和指导企业对整个业务流程进行有效运营和优化，帮助企业做出最明智的决策，为企业在市场或行业内创造竞争优势。

三、大数据服务应注意的问题

（一）数据采集时要保证质量

如果数据质量不高，真实性、可靠性差，就会造成分析结果失真。所以，数据拥有方应从意识、管理和技术等几个方面，多管齐下来保证数据的真实性。首先，树立全面的数据质量意识，使每一个操作使用信息系统的用户意识到数据是系统的生命，规范操作，保障数据真实准确；第二，颁布并严格执行数据管理规定，在制度上规范数据的管理；第三，通过技术手段保障数据质量，引入大数据管理平台，集中管理大数据，加强系统对错误业务数据的检查校验功能，把错误数据堵在源头。

（二）信息安全及隐私保护

数据大集中的后果是复杂多样的数据存储在一起，包括大量的企业运营数据、客户信息、个人隐私和各种行为的细节记录，这些数据的集中存储增加了数据泄露风险；另外，一些敏感数据的所有权和使用权并没有明确的界定，很多基于大数据的分析都未考虑到其中涉及个体隐私问题。我国已有的涉及个人信息保护方面的法律法规并没有给出具体的规定与技术措施，个人信息不能从根本上得到保障。在大数据发展规划时，应明确信息安全在大数据发展中的重要地位，加大对大数据安全形势的宣传力度，明确大数据的重点保障对象，加强对敏感和要害数据的监管，加快面向大数据的信息安全技术的研究，推动基于大数据的安全技术研发，培养大数据安全的专业人才，建立并完善大数据信息安全体系。

（三）人才管理

大数据时代对大数据的大量分析与应用使得该领域缺乏足够的人力支持，麦肯锡全球研究所一项调查报告显示，目前美国需要 14 万到 19 万名以上具备"深度分析"专长的研究人员，而对具备数据知识的经理的需求超过了 150 万。为了解决社会的需要，美国包括约翰·霍普金斯大学、加州大学圣迭戈分校、伊利诺伊大学、密歇根大学、康奈尔大学和麻省理工学院在内的不少高校已经设置了专门硕士、博士学位，培养能够按照数据的生命周期全过程对数据进行管理的专业人才。

大数据时代图书馆服务的核心是数据服务，数据服务离不开数据人才。而数据分析人才又如此匮乏，图书馆的数据人才从哪里来？

提供优厚的条件招聘数据分析专业人才固然可以，但相对于公司企业来说，图书馆给出的条件再优厚，也很难比得上公司企业的条件；再者，目前数据人才相对稀缺，人数有限，再丰厚的条件可能也难聘到数据人才。怎么办？图书馆可以挑选合适的馆员，比如具有学科背景的学科馆员、查新人员以及计算机能力强的系统技术人员，让其接受专门培训或者进修，掌握大数据的相关技术，提高图书馆的服务水平。

图书馆还应制定相应的配套政策，以吸引、留住人才。不以时间考核，代之以任务考核，任务完成后的时间可以自由支配；在图书馆的奖金分配上有一定的倾斜，比如发放卓越津贴；目前，高校图书馆只有图书馆员的职称评定，还没有数据人才的职称评定系列，图书馆应呼吁上级主管部门早日解决这个职称评定问题。

大数据时代已经来临，图书馆应当正视大数据带来的机遇与挑战。充分利用图书馆服务发展中的海量数据，加强学科信息的关联性和数据质量，通过海量数据的收集处理，从中获得知识和洞见并提升能力，从而提升图书馆的服务品质。

第五节　慕课时代下高校图书馆创新服务研究

一、背景

MOOCs 概念最早是由加拿大学者戴夫·科米尔（Dave Cormier）和布赖恩·亚历山大（Bryan Alexander）于 2008 年提出。MOOCs 又称为 MOOC，是 Massive Open Online Courses 的简称，译为大规模网络开放课程，国内学者焦建利称其为"慕课"，目前被广泛用于高等教育领域。MOOCs 教学模式的出现突破了时间、地域的束缚，提高了教学效率，而且将为传统教学模式带来重大变革，作为高校知识传播枢纽的图书馆也应采取各种措施，应对这种新兴教学模式。

二、MOOCs 的特征

MOOCs 在线教学模式是现代教育信息技术、多媒体技术和网络技术结合的结果，核心在于倡导优质教育资源共享，课程无界交流。上海交通大学副校长黄震认为："慕课打破了大学的'围墙'，未来大学将变得没有国界。"在线课程模式将引发"学习的革命"，将深刻影响高等教育的人才培养和教学方式。

研究表明，MOOCs 有以下四个特征：第一，满足学生随时随地的学习需求，根据自身情况设定学习进度。第二，实现教学视频"微课化"，迎合学生学习注意力的最佳时长，提高学习质量和效率。第三，加强学生课程探讨与交流，推动同行研讨交流常态化发展。第四，共享优质教育资源，提高教学质量，提高人才培养质量。MOOCs 教学模式反映出教师对教学活动的绝对话语权，强调学生对学习的体验和互动，巩固了学生的学习自主权，使传统课堂教学模式面临严峻的挑战。

三、MOOCs 模式发展对图书馆服务的冲击

（一）图书馆信息化资源服务

MOOCs 环境下，优质教学资源借助计算机和互联网技术实现开放式存取和优化配置，教师和学生既需要图书馆提供简单、快捷的检索系统，以便通过"信息自问"方式获取所需馆藏资源、电子资源甚至是网络资源，也需要通过"信息提问"方式由图书馆提供信息服务并获取交互信息资源。许多高校图书馆在模式转变过程中已致力于将图书馆纸质馆藏资源与电子资源进行整理、加工和重组，但仍存在信息化服务水平不到位，缺乏管理软件和分析工具的现象，且对应培训服务欠缺，很难满足 MOOCs 教学模式的学习需求。

（二）图书馆信息素养培训

MOOCs 模式主要表现为大规模和在线开放两大特征。教师在上传优质教学资源的过程中，首先要有获取新信息的敏感性，其次还要具备交叉学科的整合能力，并能制作精美视频和简洁优秀的课件。另外，不同专业、不同知识水平、不同文化层次的学生在获取网络平台资源的同时，也会将课后作业和问题讨论上传至网络平台，导致网络学习平台既有正式也有非正式信息资源。为此，学生应具备辨别、选择和处理各种信息源和信息数据的能力，并能快速从繁杂信息源中准确定位到所需内容。目前，许多高校图书馆为解决这一问题，多以开设必修课、选修课及讲座形式对师生开展信息素养培训，但总体来看效果并不理想。图书馆还需在培训内容和形式上不断尝试创新，以期进一步提高师生的信息获取能力、信息处理能力和信息分析能力。

（三）图书馆现代化技术支持

MOOCs 实现了现代教育与现代化技术的高度融合，突破了传统的教育规模、地域限制，实现了在线课堂教学、学习体验和师生互动，但是，MOOCs 教学需要以计算机技术、多媒体技术和网络技术作为支撑。另外，MOOCs 更强调个性化学习，信息资源获取从静态的单一获取到动态的共建共享，这种在线学习方式对现代化技术提出了更高的要求。

（四）图书馆数字版权服务

MOOCs 的"开放性"让参与者在网络平台上能够自由获取各种各样的教学资源（教材、

参考资料、图片、视频等），其中部分教学资源在授权许可、符合知识共享协议的前提下可以直接开放使用，而部分教学资源因受版权保护限制，无法公开使用，一旦使用就容易引起版权纠纷。图书馆有保护数字版权的责任和义务，馆员应帮助师生合理有效地规避版权纠纷，开展版权教育培训，将 MOOCs 版权服务融入图书馆的日常服务工作中。

四、图书馆在 MOOCs 环境下的创新服务策略

（一）树立慕课服务理念，加强推广

服务创新，理念先行。MOOCs 作为一种新兴教学模式，其倡导的"开放、平等、自主"的核心思想颠覆了传统教育理念，这也直接影响了高校师生的认知和行为。高校图书馆作为高等教育的支持者和参与者，应顺应教学模式的改革趋势，调整思路，树立全新服务理念，保持创新性，开展以用户为导向的信息服务。高校图书馆可从以下两个方面拓展服务：一方面，高校图书馆应积极做好 MOOCs 宣传推广工作，利用一小时讲座、图书馆门户网站、微信推送等方式做好宣传，让更多用户了解 MOOCs，实现在线友好互动，充分利用自身优势为用户营造浓厚的 MOOCs 学习氛围，提供良好的 MOOCs 学习环境。另一方面，馆员要积极参与教师的教学工作和学生的学习过程，扮演教学资源提供者、知识组织者、研讨引导者和数据分析者等角色，为师生提供以知识点集聚的信息、经过加工整理序化后的信息、数据分析报告等信息产品，以适应用户对 MOOCs 的新需求。

（二）加强信息素养教育

MOOCs 学习中两个重要的技能是寻找现有的信息，以及过滤次要和额外的信息。随着大数据时代的到来，MOOCs 环境下的学习资源日益丰富，产生于移动终端的复杂数据如半结构化数据、非结构化数据，这些数据都可能成为 MOOCs 课程资源的组成部分。无论是搜索适合自己的 MOOCs 课程，还是检索相关参考信息，用户都必须具备良好的信息搜索与利用能力，因而，用户在 MOOCs 环境下拥有成熟的信息素养就显得尤为重要。高校图书馆作为信息素养教育的重要部门，应积极思考 MOOCs 教学模式下的信息素养多样化教育方法，创新教学思路，根据不同的信息受众群体，制订不同的信息素养教育计划。

MOOCs 环境下，馆员可以加入 MOOCs 课程制作团队，参与课程大纲的设计，为教师提供与课程有关的信息素养教学计划，协助教师完成教学素材的收集、整理和利用及教学视频和课件的制作等工作。馆员还可在课程模块中设置由馆员负责建设的"资源锦囊"专栏，重点介绍该课程可以利用的参考资料，引导师生获取优质学术资源，有针对性地开展信息素养教育。

高校图书馆还可利用自身优势开设 MOOCs 信息素养培训课程，让用户随时随地接受信息素养教育，尤其是医学院校的实习生可以不受时空限制接受信息素养教育，提高信息获取能力，熟练掌握 MOOCs 学习的两个技能。

（三）MOOCs 与阅读推广的对接

MOOCs 开放、互动及可视化的信息传递模式已成为目前读者心中理想的阅读需求和媒介习惯，"阅读"概念的内涵和外延也在不断地延伸。除文字材料外，广播、电视、网络、移动终端等多媒体信息也被纳入"阅读"中，因此，简短的 MOOCs 短视频课程也就被理解为广义的"阅读"活动。高校图书馆可以将 MOOCs 中与阅读有关的课程进行整合集中推介，如讲座类《文学欣赏与批评》、导读类《新教伦理与资本主义精神导读》和学习类《外科手术技能教学》等课程，均契合阅读推广主题，并能有效提高广大师生的阅读素养，培养他们的阅读习惯。此外，高校图书馆也可将原有阅读推广课程和讲座制作成精美的 MOOCs 短视频，在 MOOCs 教学平台开设阅读推广课程，有助于将 MOOCs 和阅读推广进行有效结合。

（四）促进图书馆资源和 MOOCs 教育资源的关联和融合

MOOCs 环境下，信息资源和学习过程的结合更为紧密，学生在 MOOCs 学习过程中希望能够直接获取相关网络参考书，对此，各网络平台就 MOOCs 课程与网络参考书的无缝链接还有待于进一步建设和完善。图书馆可利用自身优势，基于中图分类法，利用自身在知识组织、语义网方面的优势帮助教师建立元数据标准，协助实现 MOOCs 教育资源语义化关联，将网络上分散的学习内容有序地进行整合，允许教师创建和管理个性化的阅读资源列表，采取关联数据的形式对内容进行描述，方便学生拓展学习。

高校图书馆拥有较为丰富的数字资源，其中多媒体资源、在线考试系统所占资源比重在不断增加，图书馆将这种资源进行配比可有效实现本馆现有资源与 MOOCs 课程所需教材、案例、延伸阅读资料之间的关联。图书馆书目、电子教参系统、机构知识库是图书馆可以进行关联的最佳数据源。当图书馆书目信息、电子教参系统及机构知识库以 MOOCs 平台的关联数据形式发布后，会成为 MOOCs 学习资源的一部分，可进一步体现 MOOCs 环境下图书馆充当资源提供者这一职能的价值。

（五）提供精品化网络信息服务

MOOCs 将教学模式从以教师"教"为主转变为以学生"学"为主，注重资源查找、学生自学、资料收集整理等环节。面对当今知识更新快、文献信息数量激增的现状，用户面临的主要问题是如何在海量文献中快捷、精准地找到所需文献。高校图书馆作为学校的文献情报中心，应充分发挥自身信息资源丰富、信息服务专业、网络设备齐全等优势，为用户打造专业化、精品化和个性化的网络信息服务。笔者认为，一方面，图书馆应在其门户网站设置 MOOCs 专题服务板块，聚类各学科资源；另一方面，图书馆应建立实时在线信息咨询服务机制，及时回答用户在 MOOCs 学习过程中遇到的问题，让用户能方便快捷、随时随地获取信息、利用信息，帮助用户将知识内容从众多信息对象中挖掘出来，为用户提供权威、新颖和实用的信息。

（六）注重大数据技术的应用

MOOCs 学习活动中会产生海量的动态信息，馆员无须再依赖传统问卷调查的方式获取用户反馈，馆员可以直接通过平台获取用户浏览记录、学习时段、学习成果检测、有效资源使用率、师生交互现状等信息。高校图书馆可利用大数据技术进行分析，了解用户的信息行为和学习效果，深入挖掘潜在信息需求，构建全新信息服务模式，为 MOOCs 课程的改进和发展提供参考依据，使 MOOCs 教学模式得到稳步发展。

技术对教育模式的颠覆创新时代已经到来，高校图书馆必须转变观念，主动适应MOOCs 教学模式的变革和需求，创新服务模式，提升服务质量和服务能力，为高校教学和科研提供信息支持。

第六节　创客空间引领互联时代高校图书馆创新服务

《国家中长期教育改革和发展规划纲要（2010—2020）》提出，高等教育的目标任务是"培养高素质专门人才和拔尖创新人才"。自 2014 年李克强在达沃斯夏季论坛期间倡导"大众创业、万众创新"以来，创业、创新成为一股热潮。在 2015 年 10 月吉林长春举行的首届中国"互联网＋"大学生创新创业大赛上，李克强总理做出重要批示：大学生是实施创新驱动发展战略和推进大众创业、万众创新的生力军，既要认真扎实学习、掌握更多知识，也要投身创新创业、提高实践能力。教育部门和广大教育工作者要认真贯彻国家决策部署，积极开展教学改革探索，把创新创业教育融入人才培养，切实增强学生的创业意识、创新精神和创造能力，厚植大众创业、万众创新土壤，为建设创新型国家提供源源不断的人才智力支撑。

创新是我们这个时代的最强音，创新引领中国经济改革发展。不断提高师生的科研能力是高校发展的重要任务。增强师生的创新意识、创造能力是提升师生科研能力的关键所在。作为以服务为宗旨的高校图书馆，应跟随时代步伐，满足用户多样化信息需求，不断改进服务理念、拓展服务方式。创客空间服务是创新图书馆服务的内在要求，创客空间是供人们分享有关电脑、技术、科学、数字、电子艺术等方面兴趣并合作、动手、创造的地方。创客空间是以促进学习和知识创新为目标，具有相同兴趣爱好的人聚集在一起分享资源如工具、专业技能、创意等完成项目的真实实体空间。在高校图书馆设立创客空间不仅是一种服务模式创新，更是一种制度创新、观念创新。

一、创客空间引领互联时代高校图书馆创新服务

互联时代，信息技术和网络技术飞速发展，高校图书馆不应只提供文献、因特网、计算机等实体让用户去获取、评价、利用信息，更应提供新兴的媒体、工具、技术让用户去

创造信息。创新是互联时代的本质特征，创客空间是互联时代图书馆服务变革的新型模式，能够促进传统图书馆向信息时代多元化图书馆转型，使图书馆从传统的文献存储中心提升为支持创造的"学习"中心，使更多的人共享知识创造的工具，提供交流、开放、分享知识和资源的理想平台，营造独立思考与团队合作的环境，激发用户在交流与协作中学习和创作，最终达到知识创新目标。高校图书馆创客空间特征是分享（Sharing）、学习（Learning）、教学（Teaching）和创造（Creating），是进行创意项目的创新工场，促进创业能力和经济发展的智慧之源，因此互联时代高校图书馆构建创客空间是顺应时代发展的必然要求。创客空间是为用户提供创意交流、思维互动以及各种设备的场所，是虚拟的创意得到实现的实体空间，因此创客空间具有跨时代的特征，体现了高校图书馆的创新服务，对科技创新具有积极的推动作用。高校图书馆构建创客空间使更多的人参与其中，充分地发挥图书馆促进学习、提高用户信息素养、培养创新精神的历史使命，是响应李克强总理"进一步促进社会公平正义，使人人皆可创新、创新惠及人人，为大众创业提供支撑"号召的具体体现，培育了"大众创业、万众创新"成长和发展的良好环境。

高校图书馆运行创客空间具有协同效益。对于用户来说，有利于用户的自我发展、知识交流转移和创新，缩小用户与尖端技术使用之间的鸿沟；对于图书馆来说，可以延伸图书馆开发智力资源的理念，提升图书馆的社会影响力；对于社会来说，可以提高全民素养水平，进一步增强国家科技创新能力。

二、高校图书馆构建创客空间的意义

（一）满足用户个性化信息需求

用户需求是图书馆一切服务的出发点和落脚点。创客空间服务正是从用户的需求出发，让用户主动获取知识、创造满足他们个性化知识需求的主动的、有针对性的服务。互联时代用户个性化信息需求得到长足发展。满足用户信息需求，为用户提供一个施展才华的空间——创客空间，培养个性、表现个性，展现自我，是吸引用户参与图书馆建设的关键所在。高校图书馆创客空间的建立，首先要保证创客自主性和创造性的发挥。它更强调用户在空间的主体地位，通过用户之间的交流和合作，进行知识共享和知识创新，创造用户自己的知识产品。在这里用户不再是被动地接受知识，而是主动探讨自己感兴趣的资源，玩中取乐——在游戏化服务的理念下发挥创造力，施展个人才能；在这里强调以用户为中心开展互动服务，注重用户体验，满足用户特别是大学生萌生的奇思妙想、个性化发展的需求，培养他们独立思考、解决问题的能力，为他们提供动手实践的机会，从而实现创客空间服务项目的多元化发展，使图书馆成为用户终身学习和个人发展的空间。

（二）为大学生创业、就业奠定基础

高校图书馆创客空间是将不同专业、不同知识背景的学生聚集在一起，通过相互交流创意、使用图书馆创客空间提供的各种设备及加工工具，培养学生的学习、创新与实践能

力，体验科技乐趣、充分发挥创意，进行创造发明，促进大学生的知识创新，最终可能会产生新的创业机会。并通过创客空间向学生提供各类作品的展示服务，表现自我，从而有效地推动学生的学习与创业。创客空间有利于知识成果的实践转化，而高校图书馆恰恰承担着促进高校科研活动和科研进程的重任，开设创客空间服务有利于学生将所学的知识用于实践，推动科研知识向产出的发展过程。高校图书馆"创客空间"提供了创意孵化器的空间环境，具有使想法快速成型的工具，使学生接触到最先进的技术，有更多自愿的、创造性学习的机会，从而带来创业、就业的机会。

（三）提供交流平台，促进跨学科的合作与研究

高校图书馆是高校探索知识、为师生提供支持的智慧枢纽。通过开办创客空间，可以将不同学科的师生凝聚到一起，共同实现对知识的探索和创造。高校图书馆创客空间为高校教师、科研人员提供相互交流、学习的空间，为其营造一种轻松、富有创造性和革新精神的环境，能极大地激发他们的好奇心，更好地激励科研人员之间的交流与合作，为其动手实践及成果展示提供平台，为学校科技创新提供合作交流平台。不同学科、专业背景的人在这里聚集、交流、协作，运用前沿技术、先进的设备完成综合性、跨学科的科研项目；多学科领域的师生能够进行相互讨论、学习，对所设计的计算机模型进行 3D 打印，将创意变成现实；科研人员通过交流思想、创意，更新知识、开阔眼界、启发思路，从而实现跨学科的大规模科研合作，为其科学研究注入新鲜血液。空间内的知识融会、实践交流，促进了跨学科的研究与互动，有利于高校进行知识创新和学术研究。

（四）提升高校图书馆社会价值，实现服务创新

高校图书馆提供创客空间服务，开创了图书馆新的服务类型，扩大了图书馆服务范围，使图书馆充分发挥促进知识创新的作用，有利于高校进行知识创新和学术研究，体现了高校图书馆的社会价值。通过创客空间和创客文化能够促进高校的教育发展，推动图书馆的改革和创新，为传统图书馆转型提供了契机，为高校图书馆事业发展注入新的活力。

高校图书馆引入创客空间服务，有助于加强用户的参与互动，从而更好地维护图书馆与用户间的联系；有助于用户主观能动性的发挥和思考力、创造力的培育；创客空间将图书馆由信息资源的提供者转变为提升用户创造能力的智力开发者；各种数字化尖端科学技术及设备的提供，提升了互联时代用户高尖端数字化设备、数字化技术的掌握及使用；3D设备在让用户体验科技进步和创造快乐的同时，推动了用户理论知识向实践及新知识、新成果的转换。高校图书馆引入创客空间后，能够增强图书馆多元化服务能力，使图书馆的社会价值被深层次挖掘，让图书馆成为思想和创意的"孵化器"，产生新的社会效益和经济效益；各种合作交流、相互协作的创意创造活动，让用户获得丰富的、交互的协作创新经验，使图书馆成为终身学习和个人发展的有效空间，从而提高图书馆在用户心中的地位，增强图书馆的核心竞争力，推动图书馆不断发展。

三、构建高校图书馆创客空间的建议

如今创客风潮席卷全球，高校图书馆应在这股风潮中抓住机会，重新审视自己，找到自己未来的定位，振兴图书馆事业的发展。

（一）根据本馆的具体情况，规划图书馆创客空间

高校图书馆创客空间的规划设计，要以自身资源现状、发展策略及用户需求为出发点，找准定位，明确目标，合理规划，积极推进，促进图书馆创新服务，推动高校图书馆事业更加良好发展。要以用户需求为导向，学习和借鉴美国图书馆界创客空间的先进经验，在综合考虑本馆资金、技术、人力等多种资源的基础上，选择适合本馆用户的创客空间技术及服务，开展用户喜闻乐见的活动，进行多种形式的探索，循序渐进地推进。创客空间内的制作绝不仅局限于数字化的制作，虽然，数字化制作体现了时代的发展趋势，但一些非数字化的机器制作、手工制作同样能够将具有共同爱好、兴趣的用户聚集在一起，开展协作化创新。创建初期阶段它可以是研讨学习室、全媒体交流体验空间等，通过师生的共同交流和协作，促进项目的进展，进行创新知识的积累；也可以举办创客大赛、写作沙龙、工艺课程、创意设计展览等，构建具有本馆特色的创客空间，更好地支持创新实践和科研项目，提高学生用创新思维发现问题、用智慧方式解决问题的能力，保障学生能够站在科学技术的前端，通过触碰新科技、接受新技术，激发学生的无限潜能和积极创造的活力。

（二）有针对性地开展项目，为教学和科研服务

高校图书馆要根据自己的基础条件、实际需求以及学校的不同专业进行创客空间的构建，制定准确而又全面的服务策略。高校图书馆创客空间主要服务对象是在校师生，因此应开展与学校课程设置相关的活动，设置项目应与大学生学习课程或兴趣爱好相一致，也可结合学生科技创新实践活动、学校及企业合作的科研项目，为这些创新活动提供所需设备、器械和信息资源，搭建实验和实践环境，使创客空间成为科技创新的孵化基地。图书馆应与学校相关专业合作，以专业为特色，在培训课程设置方面，充分发挥高校人力资源优势，通过与院校教师合作，为学生提供理论培训与实践指导，聘请专业人员或志愿者的方式提供培训，通常与高校特色专业课程、应用类课程相关，即创客空间的专业针对性、应用创新性更强，其作为高校教学、科研活动的有机延伸，进一步深化了高校图书馆的科研辅助功能，为教学和科研服务。

（三）构建创客空间用户交流平台，提供在线服务

为了鼓励用户进行交流，高校图书馆不仅要提供实体空间，还应该为用户提供在线论坛这种虚拟空间的交流平台，满足用户的多元化需求，鼓励人们进行知识的共享与交流，分享技术与资源。在这种虚拟空间中，用户可以将自己的设计原型展示出来，与他人交流，

获取对该设计有不同见解用户的修改意见。并通过用户间深层次的交流互动，使设计者得到启发与灵感，不断完善设计原型。此外，该平台还可以作为图书馆发布创客空间动态的窗口，通过交流平台发布创客空间的科研成果，公布研究进展。这样不仅增强了社交性，成为联系图书馆和用户的纽带，及时传递各类信息，而且还能保证用户宝贵创意资料的保存和开放获取。

（四）提升图书馆馆员能力，提供专业性服务

高校图书馆创客空间不仅为用户提供创新所需的资源，更侧重用户创新、创意能力的激发，通过图书馆员与专业教师、科研指导人员的合作，促进学生更多地进行思考，开展创新活动。创客空间图书馆员的使命不仅仅是提供资源和服务，既是合作伙伴又是传道授业解惑的老师，启迪用户的创造力。创客空间图书馆员需要具备良好的专业知识，接受新技术的能力；具备传授能力和良好的服务态度，善于人际沟通，能够协调创作团队中的各种关系，在创作的过程中能够起到辅助引导的作用，保证项目创作的顺利进行。因此，对图书馆员的素质提出了新的、更高的要求。要通过馆员培训，提升馆员能力，使其掌握相关技术工具应用及创新技能，才能进行技术支撑、提供专业的服务，协同共进。并且在设计规划创客空间、运行维护相关设备、与用户开展合作的过程中都需要图书馆员不断学习新理念、新技能。这就需要图书馆员在实践中学习，在空间的建设实施过程中，不断提升自身的创造能力，从而推动图书馆的创新与发展。

第七节　微时代下高校图书馆创新服务

互联网技术的快速发展给社会各行各业都带来了较大的转变，人们的思维模式和生活特点也随之发生改变，一些领域在互联网技术的刺激下甚至发生了翻天覆地的变化。互联网技术的强大信息传播能力使得信息的共享变得更加方便，使得传统的阅读方式趋向多样化，也给高校图书馆的发展带来了新的挑战，如何在信息化时代中满足师生对图书馆的功能要求，更好地发挥图书馆的平台作用，推动学校教学科研的长足进步是每个高校图书馆应该思考的问题。

一、网络微时代下高校图书馆服务存在的问题

（一）服务理念落后

目前一些高校图书馆管理方式较为传统，服务理念相对落后，其中的工作人员不能及时根据互联网的快速发展调整服务方式，对于当前网络技术的进步较为不适应，服务态度还停留在传统的模式和思维上。这些人员对图书馆的服务特性理解较为片面，认为图书馆只要确保每天读者能够借到书并且按时将书归还就算完成任务。这种服务态度常

常会造成资源的浪费，对师生学习和科研也会产生不利影响，进而影响到整个图书馆的形象。一些高校的师生也存在对图书馆工作不了解，轻视图书馆管理人员的问题，认为图书馆工作人员每天的工作只是重复性的体力劳动，没有任何技术含量，对图书馆的管理方式也不认同。

（二）图书馆管理人员的职业素质有待提高

调查显示，当前高校中的图书馆管理人员自身素质与当前互联网条件下的图书馆工作要求差距较大。图书馆的管理人员从学历、工作年限、知识结构等方面都不能满足岗位要求。高校的管理人员对图书馆管理重视程度不够，缺乏对互联网背景下的图书馆岗位要求的了解和认识，常常将图书馆工作作为引进其他高素质人才的附加筹码。种种原因导致图书馆管理人员年龄结构偏大，引进的新人在专业素质上又不能满足图书馆服务的基本要求。很多图书馆员只会对传统的纸质材料进行整理与核对，只能完成一些简单的借书扫描、还书上架等操作，缺乏系统的图书馆管理学以及计算机方面的专业知识的学习，导致其自身素质远远落后于当前信息技术的发展。

（三）图书馆数字资源建立存在问题

互联网技术的发展给图书馆数字资源的建立带来了巨大影响，依靠网络技术传统的图书馆可以获得更多的资源，资源形式也会越来越丰富。统计数据表明，我国高校的图书馆用于数字资源采购的经费可以占到全年经费的 40% 以上，而且这一数字还在不断增加。尽管数字资源的投入增加，但数字资源的优势并没有得到体现，存在重复性购买和使用不方便等问题，浪费了大量成本也没有起到良好的服务效果。

由于我国图书馆服务存在以上种种问题，直接影响了图书馆的服务能力，应该引起足够的重视，如何在当前形势下有效利用互联网技术，提高图书馆的服务质量是每个图书馆管理人员应该思考的问题。

二、基于网络微时代下提升高校图书馆服务的措施

（一）提高高校图书馆馆员职业能力和专业素养

要着力提高高校图书馆工作人员的思想素质。高校图书馆所提供的各类服务其结果是通过引入全新的服务或改进现有的服务来满足用户变化的需求，给用户带来新的价值提高用户的满意度。只有不断为广大师生员工提供满意的服务，才能推动学校教学与科研又好又快发展。提高服务水平，首先重视馆员的思想素质。要加强高校图书馆工作人员的思想教育，增强责任心，培养他们爱岗敬业，奉献进取的精神，树立全心全意为读者服务思想。

（二）培养师生信息利用素养

信息技术的快速发展使得师生信息利用素养更加重要，已经逐渐成为不可或缺的基本

技能。在当前的网络环境下,高校图书馆应该利用自身的优势帮助师生培养提高信息素养。可以通过入学教育、组织培训等方式帮助师生掌握快速获得所需要的资源的技术和能力。也可以通过制作技术短片、举办讲座等形式将具体的使用方法介绍给师生,提高师生在图书馆中获取资源的效率。

(三)创新高校图书馆数字资源镜像站建设

一方面,所采用的信息内容要全面广泛,而且要注重科学性与权威性。根据本校馆藏的结构和馆藏特色,做到有针对性的引进,并与纸质印刷文献互为补充。另一方面,要注意信息的组织设计是否科学合理,是否方便读者使用。要努力设计友好的检索界面,灵活多样的检索方式,同时提供完善下载输出打印、在线浏览阅读等的数据库功能。要搞好数字资源镜像站的成本投入和后续服务,坚持安全高效可靠的网络安全策略,创造优良的数据库系统运行环境。

微时代背景下的高校图书馆服务问题需要引起高校管理人员的注意。给师生提供良好的图书馆服务对于师生学习质量的提升、科研成果的创新都有着积极影响。充分利用互联网技术的优势,实现信息资源的快速共享,帮助师生获得最需要的资源是每个高校图书馆应该做到的。只有转变自身观念、提升专业素质才能适应新时代的图书馆服务需求。

第八节 面向科技成果转化的高校图书馆创新服务

一、图书馆科技信息平台

科技信息平台是以发布科技成果与企业需求信息、促进科技成果转化为宗旨的互联网分布式系统。笔者将科技信息平台的建设依托在高校图书馆官方网站的入口上,这样能够最大限度地扩大使用范围,使用户更加快捷高效地检索到科技信息平台,从而达到网络推广作用最大化。并在图书馆主页提供校外访问系统入口,使图书馆服务既涵盖校内师生,又保障了校外企业人员的使用需求,为高校与企业之间的沟通架起桥梁,达到两者信息对称的目的,同时更扩大了高校图书馆信息服务社会化的职能。该平台的服务内容包括科技信息检索、科技信息发布、科技参考咨询以及科技成果转化服务。

二、图书馆科技信息平台具体功能模块实现的功能

(一)科技信息检索服务

通过在检索框输入检索词,平台系统从图书馆科技信息数据库中查找并返回相关信息,该服务能够提供科技成果报告查询、科技专利信息查询、科技合作企业查询、学科研究团

队查询等。

（二）科技信息发布服务

图书馆工作人员定期会发布最新的科技动态、高校成果以及科技需求等，在该模块可以按照学科分类查找科技信息，也可以帮助企业发布分类的行业信息。科技信息平台发布、传播的信息要求实时性、准确性、真实性，满足实际的科技信息需求。

（三）科技参考咨询服务

科技参考咨询服务则是通过向图书馆专业的学科馆员描述科技需求，然后图书馆员经过搜集、检索、整合、提炼信息，将信息有针对性地重新加工成知识产品，再反馈给用户。

（四）科技成果转化服务

科技成果转化服务能够提供科技成果的评估，由行业专家对科技成果进行系统科学的评价，再由学科馆员完成科技成果的评估报告，提供给企业作为科技成果转化活动的参考意见。

三、创新服务模式

本节提出面向科技成果转化的两种图书馆创新服务模式，一是信息服务模式，主要是将科技信息整合，为用户提供一站式科技信息服务；二是知识服务模式，旨在为用户提供高质量、专业化的知识集成服务，最终形成能够解决实际问题的知识产品。这两种创新服务模式的功能是依托在科技信息平台上实现的，下面对服务模式的具体功能进行详细阐述。

（一）信息服务模式

高校图书馆参与科技成果转化的信息服务模式主要是以信息共享为目标的服务模式，由于高校中的科研人员专注于学术研究，较少有机会进入企业，发现市场真正的技术需求，那么针对两者之间的信息鸿沟，笔者提出针对科技成果转化的高校图书馆信息服务模式，该模式包含四项服务，分别是开展信息调研服务、建立市场需求和科技成果数据库、定期举办科技活动、构建科技信息平台。图书馆开展的信息服务模式主要是将科技信息最大限度地搜集，完整、客观地提供给用户，使高校科研人员在项目定题的过程中有参考方向，为企业用户提供选择技术合作的途径，架起高校与企业沟通的桥梁，达到信息共享、促进科技转化的目标。

（二）知识服务模式

高校图书馆参与科技成果转化的知识服务模式是指为用户提供高质量、专业化的知识集成服务，不仅是对信息资源的简单整合，还需要图书馆工作人员加入脑力劳动，从解决问题出发，对数据、信息、显隐性知识进行检索、组织、分析等工作，最终提供给用户能够解决问题的知识产品。知识服务模式提供三类服务，分别是面向企业需求的知识化服务、面向科研团队的项目化服务以及个性化知识服务。

科技成果转化与高校图书馆的创新服务模式研究，能够对高校的科技成果转化起到一定作用，为高校科研团队与企业提供实际有效的帮助，且为高等学校与科技公司的联合活动打开新的沟通方式，提供了高校与企业合作的新途径和新方法；高校图书馆参与到科技成果转化研究中，充分利用了高校图书馆的信息优势、人才优势、技术优势、服务优势等，使高校图书馆为经济社会提供服务，将图书馆的社会职能发挥得淋漓尽致，大大促进了社会的经济发展。

第六章　高校智慧图书馆服务方式探究

第一节　大数据时代高校智慧图书馆服务

社会的不断发展进步，加速了大数据时代的到来，在这样的环境中，如何不断提升移动增强现实技术在高校智慧图书馆中的应用水平就成为一项极为重要的工作。本节深入分析了移动增强现实技术在高校智慧图书馆中的应用，并针对这一技术发展过程中存在的问题展开了详细的阐述，希望能够使高校智慧图书馆的服务方式、服务内容以及服务范围都得到更好的优化。

20 世纪 90 年代，美国波音公司的首席科学家提出了移动增强现实技术这一理念，而我国将其理解为扩展实境。移动增强现实技术是虚拟现实技术进一步发展的结果，其实质就是将从计算机中得到的各种基础信息和现实世界对比，然后对移动增强现实技术进行强化和扩张。使用移动增强现实技术，可以使人们对现实环境有一个更好的认识。不仅如此，这一技术的发展对于高校智慧图书馆的建立和发展也有着十分积极的作用。

一、移动增强现实技术的概述

移动增强现实技术也叫作混合现实技术，它是将虚拟和现实进行联系的技术。移动增强现实技术是借助各种二进制信息构建的空间，使得人们可以同时处于现实和虚拟两个环境中，移动增强现实技术使得这两个世界能够实现很好的融合。我们所生活的现实世界是真实和客观存在的，但是虚拟世界的特征却是灵活性比较强的世界，因此所受到的局限也比较小。虚拟世界和现实世界是两个独立的个体，而如何借助移动增强现实技术实现这两个世界的融合，结合双方的优点就是人们研究的主要方向。结合现今计算机行业的发展，可以发现现今的静态图面一般都是借助多媒体来体现的，是由文字到有图解说的变化，同时也是虚拟世界更倾向于现实世界的体现。日常生活中，很多商场的外墙、会场的屏幕、展台等都会有电脑显示屏，且电脑和智能手机的不断发展，也意味着今后新技术的应用范围会不断扩大。

二、移动增强现实技术在高校智慧图书馆中的应用

国外图书馆对于移动增强现实技术的应用较为广泛。在移动终端平台快速发展的基础上，移动增强现实技术得到了商业化应用，使用移动增强现实技术可以实现现实世界和虚拟世界的融合。可是，现今我国移动增强现实技术的发展还处于起步阶段，因此在图书馆中的应用还不够广泛，国外的一些图书馆及机构做得相对较好。芬兰大学的图书馆在 2003 年就使用了定位功能，其应用方式就是将图书馆的方位通过地图的形式展现出来，用户便可以方便快捷地确定图书的位置。这些年来，在移动增强现实技术的前提下，智能图书馆开始发展起来，这种图书馆的发展是将 RFID 移动增强现实技术、Wifi 移动增强现实技术结合起来达到定位追踪的目标，并且需要使用视频来确定图书的具体位置。美国大学的图书馆中存有大量的图书，因此也建立了具有很多移动增强现实技术的数据库，这样便能够使移动增强现实技术应用程序的移动性更强。

三、移动图书馆技术的具体应用

1. 现实系统总体结构性能更佳

移动增强现实技术的主要工作内容包括场景采集、跟踪注册、虚拟场景移动增强现实技术发生器、虚实合成、显示等系统，而人机交互界面等子系统则构成了典型的 AR 系统。这里我们所说的场景一般都是在获取到周边环境的摄录图像以及视频后对其进行处理所得到的。跟踪注册系统一般是用来观察用户头部及其视线的方向。虚拟图形绘制则是将显示场景中存在的虚拟图像予以图形化，然后再将之前获得的现实场景与虚拟图像进行定位，这便是虚拟合成系统的主要功能。整个移动增强现实技术的工作原理为：（1）输入系统在对输入的图像进行处理后，得到一个实景空间；（2）对于计算机处理得到的虚拟图像，使用几何一致的开放式形式将其加到之前的实景空间内，实现虚实结合，进而增强现实环境；（3）融合后的景象需要使用显示系统向用户展现；（4）用户需要借助交互设备完成效果和现实场景。实现精准的虚实结合、并科学地进行注册和输出设备显示就成为一项十分重要的工作。

2. 促进移动图书馆实现的技术

首先，不断深入移动增强现实技术的应用研究。

移动增强现实技术在实际应用的过程中，所使用的技术主要有标志识别技术、顶点提取技术、三维注册技术、相机融合技术四种技术。其中三维注册技术研究是借助标志性物体的二维图像和三维注册实现顶点提取以及标志识别的目标，三维注册则是结合二维图像的坐标重新建立。相机融合需要对几何图形进行融合后获得其黑白二值图，使用黑色边框包围更容易识别多边形的白色填充。使用相机融合技术能够很好地将虚拟物体叠加到图像中的人工标志上，以起到非常好的虚实相加效果。在识别出相机空间的三个顶点坐标后，

进行一定的旋转或者是位移后，便会因标识信息的差异而呈现出不同的形式。若系统有标志物且标志物的类型多样时，则不应将其局限在简单的基础模板上，还需要加入一些文字或者是图片，并且应该包括现实环境中的物体。在发展智慧图书馆时，必须不断深入这方面的研究，只有这样才能够不断提升图书馆的智能程度，使其能够更好地为人们服务。

其次，智慧图书馆的标识识别系统。为了使图书馆内的图片、图书等都能够第一时间被检索出来，必须不断提升标识识别系统的精确性。工作过程中应当把握好以下几点：

一是，使用摄像机头进行视频图像的搜集工作时，需要对信息开展二值化处理，这样才能够将收集到的信息变成简化了的图像，并有效地缩减数据量，在进行彩色到黑白的转化工作时，必须对识别区域的轮廓进行突出处理。

二是，将二值化后的图形实行分割，并在图像连接的位置进行标识，在对标识进行观察后便可以得到需要标识的具体位置。不仅如此，在对二值化连接区域进行提取时，一般需要使用联通区域法。这一工作法的具体原理就是当选中图像相邻两个位置的像素灰度值相同时，则确定其为联通的。在对面积进行确定时，连接好各个像素点坐标后便能够完成面积的计算。

三是，在数据获取的环节，会有很强的不稳定性，且所提取出的视频图像一般都是长方形或者是正方形的，所以，为了保证解码步骤的效果，一定要确保所获得的是规则的正方形。

通过本节的分析可以知道，在智慧图书馆中使用移动增强现实技术可以很好地完成导读、定位服务、信息摄像服务等内容，可以很好地实现真实环境和各类资源的信息合成，这对于图书馆的发展有着很大的影响，因此其发展前景是一片大好的。但是，在对移动增强现实技术进行推广研究时，一定要注重提升应用的便捷性并注重服务的个性化，这样才能够促进智慧图书馆的普及，使其能够更好地为师生服务。

第二节 "双一流"背景下高校智慧图书馆服务

近年来，随着社会经济发展，人才战略价值越发突出，其培育工作得到了党中央高度重视，随即提出"双一流"建设决策，为高等教育发展指明了方向。应用型高校作为高等教育的重要组成部分，理应积极响应政策号召，为推进"双一流"建设做出多方面努力，在此过程中智慧图书馆发挥着不可替代的作用。本节基于对"双一流"战略及智慧图书馆等相关概念的释读，分析了"双一流"背景下应用型高校智慧图书馆服务发展现状，并就其服务创新进行了重点研究。

经济全球化视域下，尽快建成一批世界一流大学和一流学科，是当下高等教育发展的重点方向，对提升我国综合竞争力有着非凡意义，为实现中华民族伟大复兴的中国梦铺筑了道路。"双一流"背景下，图书馆作为高等教育不可或缺的资源支撑，应当紧跟时代发展潮流，通过资源、技术、管理等多个方面的转型升级，打造智慧图书馆，实现服务创新，最大限度地释放自身价值。

一、相关概念释读

"双一流"建设为高校图书馆转型升级创造了新的契机，而智慧图书馆则为之发展指明了方向。思想是行为的先导，对"双一流"战略及智慧图书馆的概念认知，为"双一流"背景下高校智慧图书馆服务创新实践奠定了基础，其有关表述如下。

"双一流"战略。所谓"双一流"即是指一流大学和一流学科，其作为党中央及国务院联合提出的全新教育战略决策，对提升我国高等教育水平有着非凡的价值意义。早在我国提出"211 工程"、"985 工程"之后，为了进一步突出学科的导向性，各类高校逐步加强了"特色重点学科项目"建设，并得到了国家的大力支持。事实上亦取得了显著成绩，与国际教育水平之间的差距不断缩小，为"双一流"建设打下了坚实基础。习近平总书记对此做出重要批示，要坚定不移地建设世界一流大学，明确了未来高等教育发展方向，应用型高校亦位列其中。为了进一步规范高等教育发展行为，国务院审批通过了《统筹推进世界一流大学和一流学科建设总体方案》，明确提出了"双一流"建设必须遵循四项基本原则，即坚持以一流为目标、以学科为基础、以绩效为杠杆、以改革为动力，同时着眼于"两个一百年"战略目标，旨在提升我国高等教育发展水平，继而增强国家核心竞争力。在此过程中，图书馆作为高校教学、科研服务的重点单位，应积极参与"双一流"建设，并提供强大的智力支持。

智慧图书馆。最早由芬兰提出的"智慧图书馆"理念，是伴随着信息技术发展产生的，现已在全世界范围内得到推广，并引发了各类学者的热议，从不同维度做出了论述。王世伟（2011）指出，智慧图书馆的实质是数字惠民，以信息技术手段为依托，强调科学发展，互联和便利是其最突出的特征。严栋（2010）等认为，智慧图书馆依托各种先进信息技术，构筑了一种智慧模式，转变了用户与图书馆之间的互通方式，最终达到智慧化服务的目的。综合来讲，学术界虽然对智慧图书馆尚未达成概念上的统一，但对其功能定位基本形成了共识，它较之前数字图书馆有着更高的硬件需求和技术要求，是更高级的综合性信息系统，强调"以人为本"为理念先导，实现物理空间与信息内容全面互联，为学生提供形式多样、效率高效、个性新奇的服务。由此看来，智慧图书馆不仅是教育技术的突破，更是服务理念及模式的创新，其作为一项系统化工程，需注重各个层面的智慧化建设，包括建筑、感知、管理、服务以及沟通等，如此才能更好地适应"双一流"发展要求。

二、"双一流"背景下应用型高校智慧图书馆服务发展现状

近年来，随着高等教育普及化、大众化，加之国家系列政策引导与支持，高校经历了一个快速的规模扩张过程，生源数量同步增长，对图书馆服务需求及要求越来越高，推动

了创新发展。客观维度上讲，"双一流"背景下，智慧服务理念不断深入，在高校图书馆中的创新实践得以相继开展，并取得了一定进展和突破，但是由于此项建设仍旧处于试点阶段，个中问题层出不穷。具体而言，一是很多高校图书馆服务效率偏低，未完全发挥出智慧服务的优势。尽管高校已然建立起了较为完备的图书馆管理体系，并且积累了大量有效服务经验，但是信息化水平有限，学生借阅服务方面仍旧需要管理人员的操作补充，增加了流程复杂性，导致工作效率普遍偏低。二是智慧图书馆框架结构下，阅读时间和空间成本的大幅压缩，使得服务群体持续扩张，很多高校开始面向社会开放，一定程度上增加了服务内容，对馆藏资源提出了更多要求，又由于服务压力倍增，管理人员面临着更加严峻的挑战。三是智慧图书馆的重要特征是感知性，然而高校封闭被动的服务方式，降低了资源利用率，客户服务体验不佳。

三、"双一流"背景下应用型高校智慧图书馆服务创新策略

在宏观"双一流"战略背景下，应用型高校智慧图书馆服务创新尤为必要，为高等教育水平提升铺筑了道路，其作为一项系统化工程，需从多个方面做出努力。作者基于上述分析，结合应用型高校实际情况，针对性地提出以下几种有效践行策略，以供参考和借鉴。

完善顶层设计。习近平总书记在中国共产党第十九次全国代表大会报告中作出指示，将"智慧社会"作为我国加快建设创新型国家的新发展理念和战略目标，这也意味着我国智慧社会建设迈入了新的阶段。在此过程中，应用型高校作为人才培育主阵地，肩负着不可推卸的责任，需紧跟时代发展潮流，基于我党系列政策战略导向，加速智慧图书馆服务创新，无限拉近与"双一流"目标之间的距离。有经验表明，科学的规划与完善的制度是稳步推进应用型高校智慧图书馆服务创新的保障和关键。具体而言，"双一流"背景下，应用型高校需重新定位智慧图书馆服务目标及任务，谋划全局，制定科学的总体战略规划，指引服务管理创新，最终为实现可持续发展铺筑道路。基于此，一方面，应用型高校应着重强调软硬件环境建设和组织管理结构的统筹协调，依托物联网技术支持，加强共建共享，促进图书馆机构与其他部门之间的沟通合作，并适度下放决策权，简化内部流程，通过建立开放的扁平化模式，激发服务主体创新能动力；另一方面，建立科学的绩效考核制度和激励制度，综合审查图书馆工作人员服务思想、行为，树立榜样典范，给予适度的物质奖励和精神奖励，注重人本关怀渗透，激励其更多服务创新行为，进而在良好的文化氛围下，提升智慧图书馆整体服务水平。

重视人才建设。知识经济时代，人才是推动社会创新发展的核心要素，为应用型高校智慧图书馆建设提供了必要的智力支持。尤其是网络信息环境下，人才已然成了应用型高校办馆的重要资源和首要财富。从某种维度上讲，馆员作为应用型高校智慧图书馆服务工作的主体，扮演着多重身份角色，既是情报信息和各类知识的载体，又是信息库的建设者和管理者，同时还是高质量信息产品的生产者，发挥了连接信息资源与读者纽带的作用。

"双一流"背景下，应用型高校智慧图书馆服务体系建设，必须要依赖高素质的人才队伍，对其提出了更多、更高要求。新时期，合格的图书馆工作者不仅要具备丰富的工作经验和高度的责任意识，还需具备一定信息技术知识和科学文化素养。对此，一是应用型高校必须要清醒地认识到人才战略地位，充分发挥自身优势，可通过招募志愿者等方式，吸引更多优秀人才参与智慧图书馆服务创新建设，不断丰富人才资源结构，同时为广大学生群体提供更加良好的锻炼环境；二是应用型高校需加强对既有图书馆管理人员的培训教育工作，及时更新他们的思想理念，端正其工作态度，树立高度的责任意识，基于智慧图书馆服务创新目标导向，不断丰富馆员知识涵养，分享有效实践经验，全方位提升其综合能力素质。

导入先进科技。"双一流"背景下，应用型高校智慧图书馆应注重文献资源数字化、传播载体多样化以及服务手段多样化，这些功能性目标实现均需依托先进技术的强力支持。信息化时代，计算机、互联网等技术应用改变了人们的生产生活方式，并为之提供了便捷性服务体验，主导了新一期的教育变革潮流。尤其是随着"双一流"建设推进，应用型高校图书馆服务对象、内容及范围急速扩张，对先进科技的导入，有效提升其智慧化水平，使师生得到良好的服务体验。在具体的践行过程中，一是应用型高校需从硬件设备布置和软件系统优化两方面做出有效举动，合理优化数据资源，定期组织传感器和通信系统的完整性检测，及时了解建筑内温度、湿度、光线、噪声等动态变化情况，实现全程可无人化状态工作；二是为了更好地服务客户，实现一流学科建设目标，应用型高校智慧图书馆还需致力于学科知识共享平台建设，利用信息技术对其元数据层进行描述，依据用户使用规律及习惯，对馆藏资源进行学科化的加工和标识，并提供全文检索服务；三是为确保信息安全，应用型高校智慧图书馆还需设立健全的访问控制机制，定期或不定期更新后台运行网络服务，有效防止用户恶意下载使用等情况，树立学生正确的思想情感和三观认知。

丰富馆藏资源。书籍是知识的海洋，更是推进应用型高校一流学科建设的重要资本。"双一流"建设背景下，应用型高校智慧图书馆体现在两个方面，即文献资源的数字化和虚拟资源的智慧化，应基于既有馆藏资源，不断丰富其种类构成，便于师生更加广泛地应用。在具体的践行过程中，一所高校的图书馆资源毕竟有限，并且不会有特别充裕的资金支持，对此，应用型高校可考虑与其他院校联合，购置更多图书，同时共享共建数据库，将馆藏资源这个"蛋糕"做大，让广大师生群体享受到其便捷性、丰富性服务体验。在此基础上，应用型高校还需加强数字化、智慧化的资源建设，可依托 RFID 管理结构，将传统纸质文献资料经过扫描解码转化为数字信息，让更多学生或其他借阅者方便实时查阅，不用再担心文献被借走。同时，应用型高校智慧图书馆还需加强对 PC 或移动终端服务设计，实现远程订阅功能。如此，在物联网架构下对图书馆收藏资源进行合理采编和规划，有效提升了服务管理水平，降低了相关工作人员压力，同时还进一步扩展了服务对象范围，有利于所处区域的文献保障和服务建设，馆藏资源利用率达到了更高层次。另外，应用型高校智慧图书馆还能够收集用户借阅信息，通过大数据分析和云计算技术对其喜好进行智能分析，针对性地提供个性化阅读计划方案，提高资源服务的互动性。

优化工作模式。在有限的课堂教学时间内，多数学生并不能有效完成各学科学习要求，还需课外自主学习补足。同时，对于教师而言，为了紧跟时代潮流，有效支撑"双一流"建设，亦需终身学习不断深化自己的专业知识和职业素养。图书馆的功能价值得以体现，为师生学习提供了良好的氛围环境。因此，面向"双一流"建设，应用型高校智慧图书馆服务创新需进行全面升级，深度挖掘泛在化的知识，精准解析用户行为背后折射出的需求，进而为之提供高品质、高价值的服务。基于此，应用型高校可充分借鉴其他院校成功经验，依托交互式网络教学平台，构建虚拟学习社区，促进学生之间及师生间的自主交流，使之获得更加丰富的知识积累。同时，根据《国务院办公厅关于深化高等学校创新创业教育改革的实施意见》，高校的工作任务核心在于培育全面发展的高素质人才，倡导学生个性发展，某种维度上，这亦是"双一流"建设的终极价值追求。对此，应用型高校需积极响应国家政策号召，依托智慧图书馆，联合教务处、人事处、信息化处等各个相关部门，建立全校教师信息库，面向全体学生开放，为之提供随时随地的创新创业教育引导服务，丰满图书馆创新服务结构。同时还可以留学生服务为突破口，加强与国际一流教育的对接，汲取有效经验，加速自身国际化进程。

总而言之，"双一流"背景下应用型高校智慧图书馆服务创新十分重要和必要，其作为一项系统化实践工程，应注重完善顶层设计、加强人才建设、导入先进科技、丰富馆藏资源、优化工作模式，最终实现整个运行结构的转型升级，提高综合服务水平。

第三节　"互联网+"背景下高校智慧图书馆服务

随着"互联网+"的广泛运用和"智慧地球"概念的提出，我国图书馆界服务理念开始转型，逐步进入智慧化服务阶段。智慧图书馆强调"以人为本"，以数字化、网络化、智能化的信息技术为基础，以开放、互联、便利为主要特征，结合深层次的情境感知为读者提供更符合需求的智慧信息资源和人性化服务，从而实现精准服务。智慧图书馆的服务模式，已经是当今高校图书馆界研究、发展的重要对象。

当今各高校图书馆都在逐步加强图书馆信息化、自动化和网络化建设，馆舍配备计算机终端，兴建内部网络，建设图书馆自动化集成系统，引入联机公共目录查询系统（OPAC）等，提升了图书馆信息传递和信息服务能力。互联网的产生与发展，使得许多的传统图书馆逐渐向数字图书馆变化，再随着互联网与物联网的飞速发展和融合，使得新一代基于物联网的图书馆——"智慧图书馆"诞生。

智慧图书馆是我们图书馆发展的新形态，是基于新的信息技术的、具有人工智能的一个知识服务系统，让读者随时、随地、随心享受到图书馆资源的便利性，享受阅读的快乐。我们可从三个角度来理解它的含义：从智能计算角度来看，智慧图书馆＝图书馆＋物联网＋云计算＋智能化设备，它通过物联网来实现智慧化的服务和管理；从数字图书馆服务的角度来看，智慧图书馆是指充分利用 ICT 技术，以运行进程阅览图书资料、预约座位等操作的数字图书馆；从感知的角度来看，智慧图书馆是感知智慧化和数字图书馆服务智慧化的综合。

一、智慧图书馆服务理念

立体互联。智慧图书馆能够使用多种通信手段、多种通信网络、利用各种信息技术来实现图书馆、书籍、信息资源和读者之间的广泛互联，并将外界其他信息机构也联通起来，实现全方位的共享交流。

全面感知。智慧图书馆是一个综合性的智能化系统，包含着先进的智能设施、信息技术和服务理念。

建筑智能化。通过对图书馆的建筑和馆内的各种设备嵌入智能装置和程序，实现对图书馆整体的一个综合管理和集中智能化控制。通过系统智能化地进行消防工作和保卫工作，系统能监测图书馆内的空气质量，能自动通风和消毒，确保室内的空气环境和人员的健康，它还能对温度、湿度、照明度加以智慧调节，控制背景噪声，为读者提供一个相当舒适的环境。同时，智能化建筑使得图书馆自身、图书馆内各种机器设备在运行、保养、维护等方面更具优势，从而优化人力和物质资源的配置，达到降低成本、节能减排的目的。

信息资源智能化。将馆藏资源存储在"云"上，不需要像传统图书馆那样由图书馆集成系统厂商提供。读者访问和使用图书馆的资源也不局限于计算机，可以使用其他智能化的移动设备。

服务智慧化。通过物联网和互联网以及云计算，智慧图书馆能够把各项图书馆事务处理联系在一起，建立起一个智慧服务系统。通过感知技术还可以跟踪调查用户的阅读习惯，自动识别和感知用户的位置及其当前所从事的学习、研究、工作内容，使图书馆员能根据读者的个性特征和实际需求及时向读者推荐个性化服务，同时提供三维实景地图导航服务、语音导航服务、机器人导航服务等。

智慧服务。出版社可以在书中植入芯片，这样图书馆的采编部门可以省去图书编辑工作，而流通部门只需要利用 RFID 技术，将扫描器一一扫过图书便可以轻松地完成入库工作。读者可通过图书馆检索系统查找所需图书，根据提供的图书相关信息到书架上进行查找，图书借助内嵌芯片给出响应，这样读者就能找到所需图书位置。读者通过自助借还书系统，只需要将自己的借阅证或者手机放到自助系统感应区上，系统就会自动完成借还操作，既方便了读者，也减少了工作人员的负担。

协同与共享。智慧图书馆不是仅靠一家图书馆独立建成的，还需要与其他图书馆建立资源共享和协同合作。各高校图书馆可以通过互联网和物联网进行信息资源的全面共享，利用信息技术对各校图书馆进行协同管理。共享的信息资源能够随着数据库的更新而更新，某个智慧图书馆的信息资源有变化，其他智慧图书馆检索得到的信息结果也会变化。

二、高校智慧图书馆的服务模式

以人为本的个性化服务模式。图书馆嵌入式服务是一种协同互动的服务模式，借助物理嵌入和虚拟嵌入两种方式，将图书馆服务嵌入到需要信息服务的各个环节，从而提供泛在化的信息服务。

智慧图书馆可以将用户在虚拟环境下的信息行为和在图书馆实体环境下的信息行为相结合，将馆藏文献基本信息与用户档案信息相结合，构建能全面、真实反映用户个性特征和需求特征的用户模型，并通过智能移动设备和感知技术自动识别、感知用户的位置及其当前所从事的学习、研究和工作内容，主动地推送关联信息，提供真正全方位的个性化服务。

多时间与多空间结合的多元化服务模式。多时间、多空间的服务模式是智慧图书馆服务的时间延伸和空间拓展。我们知道传统图书馆的开放时间是有限的，但智慧图书馆凭借数字化、网络化和智能化的基础技术建设，能做到全天候的开发，不间断地为广大读者提供信息服务。智慧图书馆在互联网和物联网的支持下，借助云技术打破空间的约束与限制，利用云地两端搭建的现代远程服务平台。读者们利用智能设备就能够在任何地方利用图书馆资源。

高度智能化的创新服务模式。智慧图书馆与以往的图书馆最大的不同就是，把智能技术融入图书馆的建设之中，智慧图书馆是拥有智能建筑与智能化管理系统的创新数字图书馆。所以智慧图书馆提供的服务也是具有高度智能化和创新意义的服务。

智能门禁系统。智能门禁系统主要的功能是图书馆入馆数据统计和图书防盗。馆员和读者都通过智能借阅卡刷卡入馆，系统自动识别将门打开并获取人员相关信息，数据立刻传递到图书馆的信息管理系统中。系统通过连接相关信息进行数据统计，可以得出各类人员的入馆次数和时间。并且系统还会通过整理读者借阅信息向读者的手机、邮箱等推送馆内相关服务。若有读者携带未办理借阅手续的书籍通过门禁系统，则会触发警报器。

智能导航服务。进入图书馆后，智慧图书馆为对图书馆布局不熟悉的读者提供三维实景地图导航服务。导航将图书馆按比例实景呈现，读者可通过触屏点击各个功能区进行查看。甚至可以提供无控制台的导览服务、语音导航服务、机器人导航服务等。

自助选座服务。读者通过自助选座设备，刷卡查看图书馆座位并进行选座，已选定的位置不能再被选择。学生离馆经过门禁刷卡时，系统会自动释放该座位。系统还提供"暂时离座"功能，为需要临时离开的读者保留座位，超时后再释放座位。运用自动座位选择系统，可以在图书馆高峰期避免读者之间产生矛盾，解决了以往的不文明占座行为，提高了图书馆座位的使用率，方便了读者。

书刊的智能管理。对图书馆所有纸质书刊进行技术改造，在芯片中装一个发光管和声音芯片，通过仪器感应可以发出声光响应。这样读者可以利用图书检索仪器去书架上查找所需图书，而且图书管理人员只要通过在图书检索器中输入要检索的数据信息，然后沿着书架依次扫描，就能根据发出的声光响应来发现错误的排架和查询书籍。这样图书馆错架乱架整理工作的效率会大大提高，节省了以往找书整架所消耗的大量精力和时间。

总之，数字图书馆是典藏观的终结，智慧图书馆是"数据生命"的开始；图书馆应在"业务""用户""技术"中寻求智慧图书馆的发展；智慧图书馆是人工智能的广泛应用，只有用技术服务于人，以人文本，才能很好地发展我们的智慧图书馆。

第四节　高校智慧图书馆服务模式的构建

新时代高校读者迫切需求能够提供个性化、移动化和智能化的智慧图书馆。本节首先对高校智慧图书馆及其智慧服务的内涵进行了总结，然后从智慧借阅服务、智慧个性化服务和智慧移动信息服务等三个方面构建了高校智慧图书馆的服务模式，最后介绍了吉安职业技术学院图书馆的智慧化服务实践。

当前高校图书馆面临的现实问题是在智慧时代背景下如何实现由传统借阅向智慧服务转变、由低效手工到灵活智能转变。面对这些现实问题，高校图书馆的服务模式需要变革，新时代要求高校图书馆能够为读者提供智慧化服务。

一、高校智慧图书馆及其智慧服务

高校智慧图书馆的含义："智慧图书馆"是基于物联网技术的发展而提出的，结合国内外学者的观点，我们认为高校智慧图书馆是适应信息技术发展和高校师生信息需求变化的重大转型，是基于高校图书馆功能拓展和服务升级基础上，拟定的一套集高校图书馆馆舍、文献资源、软硬件系统、智慧馆员于一体的崭新信息服务模式。

高校智慧图书馆的智慧服务：高校图书馆的服务是在不断提升的，传统的服务有文献服务、信息服务和知识服务，而如今智慧服务成了高校智慧图书馆的核心服务。智慧服务是指将读者在虚拟环境和实体环境下的信息行为相结合，将馆藏文献基本信息与读者信息相结合，构建能全面、真实反映读者个性特征和需求特征的读者模型，并自动识别和感知读者的位置及其当前所从事的学习、研究、工作内容，主动地为其推送关联信息并提供真正的、全方位的、立体的、适合的个性化服务。

二、高校智慧图书馆服务模式构建

新时代，随着大数据、云计算和人工智能技术的迅猛发展，高校图书馆纷纷提出建设智慧图书馆，本节构建了高校智慧图书馆的三种服务模式。

构建基于 RFID 技术的智慧借阅服务模式：基于 RFID 技术建设的 RFID 智慧图书馆

平台可以提供智慧借阅服务。一是手机借书服务，读者通过扫一扫功能扫描馆藏条形码，完成所需图书的借阅。二是图书转借服务，借书人扫描持书人的图书转借二维码，在得到持书人的同意后会将书转借至自己名下，在线上实现图书转借手续。三是图书续借服务，当读者借阅的图书即将到期但是还没有阅读完毕时，可以选择图书续借；四是图书预约服务，当某一种书目下的图书全部处于外借状态，读者可预约该本图书；五是帮我找书服务，当读者在书架上找不到"在馆"图书时，可提交找书申请，图书馆员找到图书后通过智慧图书馆平台告知读者。

构建基于大数据技术的智慧个性化服务模式：基于大数据技术的智慧个性化服务模式是基于高校智慧图书馆平台的，首先感知读者行为数据，然后基于大数据平台分析数据，最后基于分析结果向读者提供智慧化服务。读者访问物理图书馆时，通过馆内射频无线传感器感知读者在馆内的一些行为数据，比如读者在某个阅览室的停留时间、读者的活动区域等，通过对这些数据统计分析，可以知道读者感兴趣的图书和区域，根据数据可以利用如图书馆微信公众平台向读者推送感兴趣的图书或其他文献资源。此外，读者访问虚拟图书馆时，通过智慧平台统一的服务门户感知读者的身份、登录地点、登录时间、浏览的页面、借阅记录等形成大量的读者行为数据，对数据进行大数据挖掘和分析得出读者的阅读兴趣点、阅读习惯等，建立个性化的读者数据共享平台，为读者提供个性化服务。

构建基于自适应网页的智慧移动服务模式：基于自适应网页的智慧移动服务需要智慧图书馆系统服务门户在 PC 端和移动端的数据和应用一致、服务流程和操作也一致。通过建设形式多样的移动端应用平台为读者提供移动信息服务，比如根据读者使用习惯建设微信图书馆、图书馆 APP 等。移动端应用应提供以下一些服务：提供读者查询借阅信息、读者在线续借、预约图书等服务；提供一站式检索服务；提供学科服务，读者可以进行教学与科研等专题资料查看、提问与回复；提供智能推荐服务，根据读者的阅读情况，为读者推荐感兴趣的内容。

三、高校智慧图书馆服务实践

RFID 图书智能借阅服务：高校图书馆应用 RFID 系统在管理上实现自助借还、智慧导航、智能盘点等功能。2016 年 5 月，吉安职业技术学院图书馆建设了 RFID 图书智能管理系统，馆藏纸质图书全部贴上 RFID 芯片，馆内启用了自助借还机，实现了读者自助借还图书和智能查询等服务，自助借还极大地提高了读者的借阅效率。该馆还建设了 RFID 图书定位系统，馆内所有的书架粘贴了 RFID 层标和架标，对所有书架上的图书与层标和架标进行关联实现图书定位，读者通过 RFID 图书定位系统可以检索呈现图书在书架的三维图位置，进而快速地找到所要图书。

移动信息服务：为了方便该校读者不受时空限制地获取图书馆的信息资源，该馆 2016 年 10 月正式开通了移动图书馆服务，包含图书、学术期刊、报纸、学术视频等资源，读者可以在线或者下载访问这些资源。此外，移动图书馆还实现了与该馆的 OPAC 系统无缝对接，实现对馆藏纸本资源的检索。读者也可以扫图书馆的电子图书借阅机的图书二维码，把想看的书下载到移动图书馆的书架上阅读。移动图书馆还提供消息推送服务，发送各种新闻、讲座及培训通知、图书到期信息给读者，有利于读者和图书馆的互动交流，体现了智慧图书馆服务的互联互通性。

新时代高校读者更加迫切需要图书馆提供更加快速、便捷和智慧化的服务，所以高校图书馆应该在已有智慧图书馆的理论基础上，积极探索建设符合自身要求和需求的智慧图书馆，不断创新智慧图书馆的服务模式。

第五节 四维度模型的高校智慧图书馆服务

智慧图书馆是高校图书馆未来发展的趋势。对智慧图书馆服务四维度模型进行研究，有利于丰富其服务创新理论；构建高校智慧图书馆服务创新的四维度模型，有利于揭示其服务创新内在规律。研究结果表明，高校智慧图书馆服务创新包含概念创新、界面创新、组织创新和技术创新等四个维度，高校智慧图书馆服务创新应该重视这四个维度的协同创新。

一、研究问题及现状

随着信息技术的飞速发展，以大数据、云计算、物联网技术、人工智能（AI）及区块链等为代表的先进技术对图书馆产生了深远的影响，其影响带给图书馆的绝不仅仅是技术上的革新，还体现在服务维度的扩展。在这样的大背景下，高校图书馆信息资源、用户信息行为、服务环境都在发生广泛而深刻的变革，必将从物理图书馆和数字图书馆走向智慧图书馆，从知识管理转向智慧管理，从知识服务提升到智慧服务。目前，学术界针对智慧图书馆服务的研究基本分为三个方面：第一，对于智慧图书馆服务内涵和价值的阐述，张延贤等认为图书馆智慧服务是图书馆对读者工作的自主选择，可以分为智能性服务、知识性服务和理念性服务，而刘秋让等认为智慧图书馆作为一个开放的体系概念，其自我价值与社会价值相互促进，完美结合；第二，对于智慧图书馆服务模式及策略的探讨，尹克勤等建立了以读者为中心，以物联网、无线传感、云计算为服务手段的服务模式，满足读者一站式检索，知识深度挖掘方面的信息需求；第三，对智慧图书馆个性化服务进行探讨，包括智慧图书馆门户网站建设、全面感知的服务研究、开放获取环境下的服务转型、嵌入式知识对服务影响的探析等。那么，高校图书馆如何发展成为智慧图书馆？以一种什么样的模型更容易实现智慧图书馆？

实现智慧图书馆的关键是创新，服务是高校图书馆立身之本，实质上是对图书馆进行服务创新。学者们对"服务创新"的关注和研究始于 20 世纪 80 年代。加德雷指出，服务创新就是寻求一个解决问题的方案、方法、措施，是一个运作过程，并不是一个事物产品，而是将很多不同能力的人力、技术、组织集中起来寻求针对顾客和组织的解决方案。随着研究的深入，服务创新的研究领域逐渐扩张，比尔德贝克等学者在 1998 年提出服务创新的"四维度模型"，其内容包括新服务概念（维度一）、新的顾客界面（维度二）、新的服务传递系统（维度三）、技术（维度四）。该模型全面地阐述了服务创新的具体维度及维度之间的关系，任何一项服务创新都可以看作模型中四个维度的某种特定组合，全面涵盖服务创新涉及的各种要素。

　　服务创新四维度模型为服务创新提供完整的概念性框架，任何一项企业服务创新都可以看作模型中四个维度的某种特定组合，实现创新的战略规划。学者们运用该模型根据实际情况选择适合自己的创新模式，基于服务的视角全面揭示旅游、医疗、文化、房地产、学术图书馆等领域的服务创新模式，深化了相关领域服务创新模式探讨，丰富了行业内服务创新的理论体系，为实现相关领域服务创新理论与实践提供了依据及指导。有研究表明，利用服务创新四维度模型有利于构建学术图书馆基本的服务创新理论模型，揭示服务创新内在规律。高校智慧图书馆与学术图书馆有相似之处，具有多维性、系统性、联动性，且智慧图书馆服务有其独特性，应用四维度模型研究智慧图书馆服务创新有利于丰富服务创新理论，揭示服务创新内在规律，更好地实现服务创新的联动性及智慧图书馆的针对性。

二、构建高校智慧图书馆的服务创新四维度模型

　　高校智慧图书馆服务创新四维度模型以学生、教师等服务对象为中心，以图书馆为主体，以传感器、可穿戴设备、终端等硬件及大数据、云计算等算法为手段，将图书馆的线上资源和线下资源进行整合，从中挖掘服务创新点，最终实现图书馆和服务对象的有效交流互动、服务质量的提高。该模型应当符合以下要求：首先，深挖各维度的本质特征，以本质特征决定模型在不同情境适用过程中的细微区别，将四个维度有机结合成一个有效的服务产品。其次，建立起智慧图书馆的新服务概念、新顾客界面、新服务传递系统和支撑技术四者之间的有效关联。选择能发挥最佳效果的服务传递系统（服务渠道），将图书馆和服务对象有效连接，注重技术对其他三个维度的支撑作用，使模型各维度的交互方式可以更好地为服务创新这一最终目标服务。最后，将四个维度构成一个完整的系统，并均衡四个维度各自的内容，避免由于某一维度在模型系统中权重过重，或者部分维度缺失导致最终服务产品偏离目标。

　　综上，构建服务创新四维度模型的总体架构。在模型中，高校图书馆在支撑技术支持下，开发出"新服务概念"，通过新的服务传递系统（服务渠道）及新的用户界面传递给服务对象，这个传递过程伴随着服务价值的流动；服务对象对新服务产品的体验感受和对服务的需求向智慧图书馆传递，用于不断改善服务产品。

三、高校智慧图书馆服务创新及四维度模型的完善

维度一：新服务概念。高校图书馆是提供服务产品的主体，是进行服务创新、创造服务价值的主体。这种创新并不是生产实体产品，而是由服务对象所驱动提出解决问题的方案或者概念，保证创新服务产品比竞争者提供的产品具有更强的竞争力，对服务对象有更强的吸引力，保障服务创新结果的有效性。新服务概念包含理念创新和概念创新两个方面。

理念创新。以人为本的个性化服务。智慧图书馆将"以人为本"作为其发展的核心理念，引入智能技术，构建立体化的服务环境、扩大服务范围、优化服务手段和服务方式，提供人性化、精准化的服务，使用户在不知不觉中使用并依赖图书馆。个性化服务是坚持以人为本，通过对不同服务对象的行为分析，为其独特的需求提供精准多样的服务。在这种理念下，智慧图书馆实现了从"人找书"到"书找人"，减少了"服务噪声"的干扰，避免了图书馆服务资源的浪费。同时，虚拟现实、增强现实、体感技术等新技术也在不断涌现，充实了图书馆的服务内容，为后期开发更加个性化的服务产品提供技术支撑。这种理念有别于传统图书馆，智慧图书馆的服务从"千人一面"向"千人千面"发展，不同的服务对象可以定制符合自己实际要求的服务。

一站式服务。高校智慧图书馆一站式服务是以用户需求为中心，将图书馆的服务和资源集成、整合，在一个实体空间内满足用户多种需求使其享受到多元、快捷、高效的图书馆服务。实现一站式服务要做到以下方面：第一，所有软件实现充分互联，用户在任何一个模块登录后，都可以无缝进入其所拥有的软件模块，不需要重复登录。第二，统一数据中心，所有应用子系统、各模块之间高度集成，网页可以和学校其他系统进行集成，实现互联互通、信息共享、安全畅通的高校智慧图书馆服务平台。第三，提供一站式大数据解决方案，并综合各业务系统数据，结合大数据算法，对数据进行统计、分析、输出，使之对用户和管理者的工作、学习提供支撑作用，帮助用户快速搭建大数据分析平台，敏捷制作专属分析报告，并为用户提供灵活的交互式分析操作，在业务协作过程中快速释放数据价值，实现高校智慧图书馆的"一站式"服务。

概念创新。高校智慧图书馆的智慧服务首先体现在智慧的行为，智慧的行为是智慧图书馆的基本特征，体现为全面感知和自我管理。全面感知是利用温湿度传感器、光线感应器、红外传感器等设备和 RFID、NFC 等信息技术对图书馆设施设备、图书馆内外用户的不同状态予以感知。例如，采用温湿度传感器和光线感应器可以感知馆内环境的变化，自动调节温度湿度和光照强度；GPS、RFID、NFC 等技术结合使用，可以准确感知用户位置和移动轨迹、馆藏资源使用频率，汇总形成数据库，为图书馆工作人员决策提供数据支持。自我管理指的是在图书馆实现全面感知的基础上，通过图书馆管理系统分析，实现对图书馆设施设备、资源、人员的有效自动管理，避免了不必要的人为控制与干涉。例如，结合当天室外气温、自然光照强度等数据，将馆内温湿度、光照强度自动调节到人体最为舒适

的状态。此外，对馆藏资源使用频率、用户行为数据分析后，可以实现图书等实体资源自动盘点、自动定位、合理排布，电子资源的自动筛选优化、相关度分析、资源推荐等，减少了人工成本，降低了差错率。

更加泛在的关联，利用信息和通信技术（ICT），在时间和空间维度上向外扩展，构造无线泛在的使用环境。第一，将图书馆内部各类设施设备、馆藏资源、馆员这些形式相异、内容不同的系统通过物联网关联，与服务进行整合，使资源从分散、异构向集约、统一转化，为与图书馆外部系统的连接提供统一接口。第二，服务对象通过图书馆提供的接口能够在任何时间、任何地点以任意方式获取到所需的资源、信息和服务，使图书馆的服务效率和资源使用率最大化，真正做到用户在哪里，图书馆就在哪里。

馆员的智慧对图书馆实现智慧服务有着举足轻重的作用，馆员及其智慧是智慧图书馆开展智慧服务及其智慧管理的核心。高校图书馆在不同发展阶段的业务内容和工作重点是不同的。智慧时代业务架构、业务内容、业务流程等都需要重新建设，业务体系必须重新调整和分配，对馆员的业务能力和素质的要求也相应提高。图书馆员不仅要有规范化的服务技能，还要有智慧服务的能力。所以，在人力资源建设上不仅要有高水平的技术人才，还要有专业的学科馆员，以及全面服务能力的复合型人才。

维度二：新用户界面。原模型新顾客界面指服务提供者与顾客之间交互界面创新。肖斯塔克提出服务交互概念，包括服务人员与顾客的交互、顾客与设备和其他有形物的交互，还包括顾客之间的交互。高校智慧图书馆的服务交互是馆员与用户的接触面，用户与图书馆物品（包括实体与电子的资源、设施设备等）的接触面，用户与用户之间的接触面。服务对象指的是享受智慧图书馆服务的主体。对于高校智慧图书馆来说，服务对象除了本校的学生、教师以及图书馆员工，根据服务深度和广度的差异，还有合作企业的科研人员、校友以及馆际交流的外馆用户等。图书馆应以需求为导向，着重搜集现有服务对象和潜在服务对象的需求信息，做好用户界面设计，将服务推荐给用户，并做好与用户的交流与合作方式的设计。

学生需求的界面设计。学生对智慧图书馆的需求包括两方面：一是学习引起的需求，要求创新服务可以更好地满足学生智慧学习、移动学习的需求。图书馆管理系统根据学生用户个人信息和阅读行为数据挖掘结果，及时更新馆藏资源、门户网站、移动客户端内容信息，提供学习资料的阅读链接或馆藏地址，做到内容更新与教学进度相适应。学生可在图书馆管理系统中完成作业、互动学习、游戏学习、增强现实环境体验等新型学习模式，如上海交通大学图书馆的智慧泛在课堂、天津工业大学图书馆的自主学习智慧学习中心等。二是社交实践引起的需求，要求图书馆提供包含场地、硬件和技术的空间。这个空间应当有舒适的环境、专业工具和馆员，能够激发学生的激情和创新力，满足有相同目标和爱好的用户群特定需求。如智慧共享空间集合了图像、视频、音频编辑器和演示软件，可以满足学生中摄影摄像爱好者的需求；创客空间配备了3D打印机等设备，可以满足学生动手实践的需求。这些图书馆服务为高校学生自主学习、协助学习、自由交流以及创新创业提供了专业的信息知识和平台。

教师需求的界面设计。高校教师的需求包括两方面，一是教学引起的需求，要求图书馆打通教务、教学、课程之间的"经脉"，简化教学与管理工作。图书馆管理系统可与教务系统、课程系统融合，获取教学大纲、课程进度、教学重难点、学生接受程度、考试成绩等信息，提供教学方法建议、学生学习薄弱环节等教学辅助信息。教师能够在图书馆系统中一站式完成教参信息设置、作业与参考书布置、课程安排等工作，如移动信息服务门户，通过在线课程、在线交流、公开课等实现移动教学。二是科研引起的需求。利用大数据技术在网络上抓取热点问题、整理相关资料，如智慧办公区间，采用智能优化算法消除噪声干扰，提高数据有效性，减少查找最新文献及数据耗费的精力。为科研团队创建电子档案，记录成员基本资料、研究方向、项目进度等提供相关的文献资料、学术会议交流活动以及科技查新报告等材料。

馆员需求的界面设计。学者对馆员的研究多集中于核心能力的建设上，馆员是智慧图书馆不可忽视的服务对象之一，是内部服务的重要参与者。馆员需求分为两方面：一是工作引起的需求。图书馆员需要智慧图书馆能够为馆员日常工作服务。例如，基于超高频RFID 技术和物联网技术的智能仓储管理可以感知图书位置，实现图书的追踪，也为馆内智慧导航、图书整理排架、智能书架、安全门禁等功能的实现提供可能，减轻馆员工作负担，提高工作效率。二是个人发展引起的需求。基于软硬件技术、组织管理等手段的自助应用服务，将高层次人才从简单劳动岗位中解放出来，转移到学科服务等更高层次知识密集型劳动中，为图书馆员的个人发展提供相应的平台。

其他需求的界面设计。随着智慧图书馆服务深度和广度的延伸，合作企业也会成为智慧图书馆的服务对象。例如，智能知识服务体系，智慧图书馆在进行 RFID、NFC 等设施设备的更新和升级时，需要向厂家提供以往的馆藏资源数据、读者行为部分数据、图书馆建筑数据等资料，以便厂家提供有针对性的、适应智慧图书馆发展需求的解决方案。此外，还有智能咨询服务，合作企业也可接入智慧图书馆数据库，查询馆藏资源，充实企业智库，以解决企业遇到的专业难题，加深企业与智慧图书馆之间的交流互动。

维度三：新服务传递系统。服务传递系统就是生产和传递服务产品的组织。核心是强调现有的组织机构以及现有员工的能力必须适应新服务的需要，通过组织结构重组和人力资源开发促使创新顺利进行。该维度主要是采用怎样合理有效的组织结构把新的服务产品推销给用户。高校图书馆每年花费大量的资金购买资源，策划服务，但是服务对象往往不知情、不会用，主要原因是图书馆和服务对象之间缺乏有效沟通和交流。服务传递系统是指将服务产品从图书馆传递给服务对象的途径与方法，是实现两者交流的主要载体，其能否正常运行成为模型成败的关键。

在高校智慧图书馆服务创新四维度模型中，新服务传递系统由服务推广渠道和服务享受渠道两部分构成。第一，服务推广渠道着重解决服务对象"不知情"的问题，除了采用图书馆员宣传、海报宣传、网页公告等传统形式推广新服务，还可将服务游戏化、比赛化，引导服务对象自觉关注研究新服务。第二，服务享受渠道着重解决服务对象"不会用"的问题，分为正向渠道和逆向渠道两种。正向渠道即主动将服务推送给服务对象，充分利用人力资源、计算机技术，O2O（线上线下）服务逐渐成为图书馆服务传递的主要渠道。例如，挖掘在服务系统中储存的服务对象的阅读习惯、好友群、反馈评价等信息，综合运用人工神经网络、推荐算法、情景建模等技术，预测服务对象未来的阅读行为，通过泛在网络向终端推送所需的资料或服务，根据反馈实时调整服务策略和推送内容；逆向渠道指的是服务对象主动向智慧图书馆申请服务，如在门户网站上嵌入公开课模块，为学生提供在线课程服务等。

维度四：技术。技术贯穿于新服务开发的全过程，为高校智慧图书馆、新顾客界面、新服务传递系统（服务渠道）提供支持，可分为三层。第一层是信息与通信技术、大数据技术、云计算技术、深度学习、机器学习等构成服务系统的底层技术，如一卡通的办理、自助借还、电子阅览、读者导读、网上预约、上网，等等。第二层是网站设计、软件开发等面向服务对象的应用层技术，如无线 RFID、图书电磁防盗、自助借还书机等。第三是数字门户信息管理（包括电子图书、电子期刊、专题库）服务层技术，包括人工神经网络、行为科学、客户关系管理等直接作用于服务对象的技术，如远程访问、参考咨询、资源检索与利用、资源发布、数字管理，等等。在应用支撑技术时，应充分挖掘技术潜力，从而规避自身局限。虚拟现实和增强现实技术作为一项新兴技术，仅用来引导新用户识别，图书馆布局显然用途过于单一，应在不同场景中尝试这种技术，充分发挥功能优势。此外，在面对百度学术、文库等这些"竞争对手"时，虚拟现实和增强现实技术也是图书馆独有的重要优势，能够吸引到对这方面感兴趣的服务对象。

本节基于服务创新四维度模型，构建高校智慧图书馆服务创新四维度模型：涵盖理念创新和概念创新的新服务概念，满足各对象需求的多功能、多层次的新顾客界面，重视智慧技术推广与服务对象主动申请智慧服务的新服务传递系统，图书馆服务系统涉及的信息、通信、物联网及面向界面设计与开发的新技术等技术四个维度。此研究构建了高校智慧图书馆服务创新理论模型，有利于服务创新理论与高校智慧图书馆理论之间的有机融合，促进智慧图书馆的研究与发展。由于模型有待时间的验证，读者对创新改善后的服务满意度和忠诚度还缺乏足够的数据支持。因此，对模型应用效果的跟进以及根据用户反馈做出相应的修改将会是下一步研究的重点。

第六节　以师生为中心的高校智慧图书馆服务

本节从如何建立以师生为中心的高校智慧图书馆展开分析，并以此为依据，提出创新个性化服务、提供专业化服务、提供人性化服务的有效措施，旨在基于信息化背景下，高校在进行智慧图书馆建设的过程中，将师生作为基本导向，有效提升服务质量。

目前，我国的信息技术飞速发展，高校图书馆的服务内容也从原有的提供信息与文献转变为提供智慧服务，逐渐成为图书馆的发展趋势。基于此背景下，相关的管理人员要对如何合理地利用大数据技术与新兴媒体展开探究，要注意将师生作为中心，逐渐提供个性化的服务。与传统的图书馆服务不同，智慧图书馆服务将海量的信息资源作为基础内容，并将现代化的设备与技术作为载体，形成图书馆管理员、师生及资源统一的管理体系。利用先进的信息技术，对师生的需求进行掌控，并提供更加优质的服务。

一、以师生为中心，创新个性化服务

第一，高校在建立智慧图书馆的过程中，要将物联网作为基础内容，并利用云计算技术，结合智慧化的服务设备，逐步增强图书馆服务系统的准确性。在实际的建立过程中，要将师生的智慧提升作为中心内容，还要根据师生的心理认知水平、实际需求，创新个性化的服务模式，在一定程度上加强师生之间、管理员、资源之间的联系。下面以传统的资源检索为例，建立智慧图书馆并不仅仅局限于为师生提供文献与信息，而是能够对检索信息进行解读与分析，帮助师生形成重要的参考报告，并从终端进行导出。第二，建立高校智慧图书馆，能够将服务融入科研工作与学习工作中，还能够通过师生的原始搜索数据，对师生的资源需求与兴趣点有判断，帮助师生建立个性化的电子档案，并根据检索信息收集整理与分析，储存相关的信息内容，在一定程度上保证信息推送的及时性与准确性，为师生提供更加全面的服务。第三，建立智慧图书馆能够减少管理人员的工作压力，通过为师生开放自助借还服务，使师生在学习的过程中不会受到时间与空间的限制，还能够有效激发学生的学习积极性。第四，智慧图书馆的管理人员在为师生提供服务的过程中，应当突破场地的局限，逐步开拓出多样化的管理平台，转变传统的管理与推送，师生被动接受的模式，而是要求师生提出自身需求，并参与到资源建设的过程中，进而创建出高校智慧图书馆。

二、以师生为中心，提供专业化服务

高校在实际的发展过程中，应当遵循教育部发布的规定，高校图书馆的专业馆员不能低于 50%，开展智慧化服务的基础就是建立高素质的管理队伍。基于新时代背景下，智慧图书馆不论是在问题咨询还是个性化服务方面，都需要大量的智慧型馆员，智慧图书馆的管理人员只有具有较强的信息技术，才能够满足基本的服务需求。基于此，相关的管理人员就要从丰富自身的知识储备入手，不断更新自身的知识结构，有效提升服务水平，紧跟时代的发展脚步。高校在对馆员进行使用与安排的过程中，要进行适当的分类，根据其是否具备较强的专业知识进行岗位分配。针对智慧素养较高的管理人员，要将其安排在智慧服务系统部门中，并在实际的管理过程中，定期开展技能培训工作；对于智慧素养较低的管理人员，要安排其参加专业性较强的培训工作，不断提升其智慧服务意识。在进行高校图书馆的建设过程中，要进行适当的交流与沟通，不断为师生提供高质量的服务，还要对师生的阅读进行隐私保护，在图书馆内定期开展信息安全素养课程，逐步树立良好的信息安全防范意识。

三、以师生为中心，提供人性化服务

尽管高校在智慧图书馆的建设过程中将技术作为基础内容，但是相关的管理人员务必要意识到人才是最具体的服务对象。因此，在开展人性化服务的过程中，要注重环境的布置，从藏书设置入手，根据师生的喜爱程度、新书与旧书、重点学科参考书等特点进行摆放。针对新书可以设立专业的展示区，方便师生进行翻阅。在每一层都应当设置桌椅，使师生能够就近阅读，能够对学习知识进行讨论。另外，高校图书馆可以增加音乐文化室、休闲环境及绿色环境等，使师生能够在阅读的过程中得到良好的休息。高校智慧图书馆不仅要为师生提供资源与技术的支持，还要注重将精神品质与智慧结合。基于大数据背景下，进一步体现出协同、创新、和谐的服务理念。在提高图书馆管理效率的基础上，促进师生的知识水平得到显著的提升，为社会发展输送更多的人才。

综上所述，智慧图书馆的出现，对于图书馆管理人员的服务意识与水平都提出了更高的要求。信息技术的不断进步与发展，师生对于知识生产、知识创新与知识转化的要求逐渐提升。高校图书馆的管理人员要结合时代的发展脚步，不断创新智慧服务新理念，逐渐形成个性化的管理模式，为学生提供更加优质的服务，促进师生的健康长远发展。

第七节　教育现代化背景下高校图书馆智慧服务

教育现代化离不开教育科研的大力支持，高校图书馆作为知识供给和科研工作的重要组成部分，为适应教育现代化要求，要以智慧服务建设为契机，推动高校图书馆的服务转型与全面创新。旨在研究教育现代化背景下的高校图书馆智慧服务的内涵及意义，结合高校图书馆智慧服务存在的问题，探究高校图书馆智慧服务的路径。

2019 年 2 月，中共中央、国务院印发了《中国教育现代化 2035》，提出要加快教育信息化、智慧化建设，通过创新教育服务业态，推进教育治理方式变革，构建数字教育资源共建共享机制，为教育管理提供科学决策和精准建议。高校图书馆作为知识供给、师生教学科研工作的重要载体，在人工智能、大数据技术广泛应用以及教育现代化推进背景下，图书馆服务要从被动的图书信息查询向满足师生深层次的知识需求转型。为适应这一全新要求，高校图书馆要以智慧服务为目标，加快智能化建设，将知识推荐、知识挖掘和智慧检索等多元服务内容作为提升图书馆服务质量的突破点，通过构建功能完备、服务精准、运行有效的服务体系，为教育现代化背景下高校人才培养、科学研究提供支撑，推动高校图书馆转型发展与服务创新。

一、高校图书馆智慧服务内涵及意义

在教育现代化背景的引领、推动下，高校要从"规模扩张"转向"内涵发展"。图书馆作为教学科研服务的主要力量，要注重发挥智慧技术优势，以数字化、智能化为基础，提升自身服务能力，实现图书资源的共建共享。

高校图书馆智慧服务的内涵。随着高校图书馆智能技术应用的不断成熟，尤其是数字化、智能化建设不断加速，高校图书馆管理效率提升，智慧服务从技术概念成为现实可能。图书馆将智能技术应用于图书馆管理与服务中，通过提升图书馆的知识服务能力，为读者营造智能化的阅读环境，满足读者多样化的阅读需要。在信息化环境下，以图书馆丰富的资源为基础，充分发挥云计算、物联网等智能技术、智能设备的优势，培养和提高图书馆工作人员的专业素养和智慧思维，为读者提供智慧化、创新性服务。

高校图书馆智慧服务的意义。首先，高校图书馆智慧服务实现了实体服务与虚拟服务的全面融合。通过将 VR 技术和 AR 技术、可穿戴技术等多种智能技术综合应用到图书馆管理之中，构建高校图书馆仿真系统，为读者提供视觉、听觉等多种阅读体验。在读者需求方面，通过利用线下物流配送、主题活动，实现读者线上阅读需求与线下互动需要的智慧融合。其次，高校图书馆智慧服务突破了地域、时间限制，打造了智能泛在的智慧阅读服务，实现图书资源与阅读服务的全面融合。借助 Beacon、RFID 等技术，高校图书馆迎合了读者新的阅读习惯和信息获取方式。最后，高校图书馆利用人工智能技术的数据分析、挖掘优势，精准分析读者的阅读偏好和潜在需求，为读者提供个性化、智慧化的阅读推荐和咨询参考。在物联网技术、RFID 技术助力下，图书馆资源全面融合，从单一的图书供给服务向多功能、多类型服务转型。

二、教育现代化背景下高校图书馆智慧服务存在的问题

在教育现代化背景下，高校图书馆智慧服务还存在一些不足，具体表现在：

馆员队伍的现代化素质尚待提高。在教育现代化背景下，高校图书馆要从传统的资源型服务平台转化为智慧型服务平台。但一部分图书馆对智慧服务定位缺乏精准认知，缺乏从资源整合、服务创新的视角综合认知高校图书馆的职能定位。一些图书馆馆员的职业素养、学习意识、对智慧服务价值的认识不足，尚未掌握扎实的大数据、人工智能技术，难以精准有效地识别读者的多元化阅读需要，将读者需求与智慧服务供给有效融合，缺少支撑引领创新发展的能力，不能胜任教育现代化发展的要求。高校图书馆智慧服务建设多处于"表层"状态，缺乏真正意义上的"智慧"理念和服务思维。难以利用智慧技术实现图书馆管理的根本提升。

现代化的服务体系有待完善。在人工智能技术与图书馆建设深度融合的背景下，高校

图书馆的经营范围与业务内容更加广泛，但由于部分图书馆信息化体系建设过于复杂，制约了图书馆知识服务与读者资源检索的效率与质量。由于尚未形成统一、完善的技术与服务标准，高校图书馆智慧服务建设无法实现学校之间、行业之间的有效协同与知识共享。在个性化服务方面，高校图书馆局限于个人信息、图书借阅历史和检索等浅层次层面，对读者的个性化阅读偏好缺乏应有关注，多数高校图书馆智慧服务仅停留在静态、大众化层面，无法有效满足读者动态、个性化的阅读需要，影响了高校良性互动的网络化、数字化、个性化、终身化的教育体系的形成。

图书馆现代化设施尚待提升。在教育现代化背景下，师生阅读需求更加多元、立体，高校图书馆开展智慧服务，要为读者提供资源共享、共建的阅读环境，切实提升和培养师生的创新能力、协作意识和实践思维。当前高校图书馆受资金、技术因素制约，智慧化设备及平台普及度不足，影响了智慧服务的内容与活动范围。高校图书馆智慧服务建设缺乏对资源要素的充分整合，尚未构建智能化、深层次的智慧服务体系。在阅读咨询服务方面，仅有少数高校将智能机器人应用到读者咨询服务活动，多数高校图书馆面临咨询服务资源缺失、咨询实效性差等现实问题。

三、教育现代化背景下高校图书馆智慧服务的路径

在教育现代化背景下，高校图书馆要突破发展常规、转变服务理念，充分发挥信息化、智能化和数字化等技术优势，提高服务效能，在支撑教学科研、提升学生能力等方面发挥积极作用。

创新服务理念，对高校图书馆职能再定位。教育现代化首先是教育观念的现代化，高校图书馆要与时俱进，对智慧服务职能重新定位。通过创新管理机制，更新技术设备，提高高校图书馆服务供给质量。第一，要以读者阅读需要为基础，注重引进先进技术和设备，对馆藏资源、读者和馆员进行智慧化管理，创新智慧服务理念，优化图书馆智慧服务体系。具体来看，高校图书馆要从理念创新、读者需求、智能服务和技术应用等方面出发，重塑高校图书馆智慧服务模式，创新图书馆服务形态。其次，在教育现代化背景下，图书馆要从传统的图书馆藏机构向信息服务平台转型，以创新知识供给和服务方式为基础，增强图书馆智慧服务能力。最后，要结合时代形势，及时更新服务形态，弥补自身不足。通过建设数字图书馆和个人图书馆，满足读者智慧阅读的个性化、数字化需求。同时，要利用社交媒体的传播、分享和沟通优势，为读者提供经验交流、新书推荐和读者预约等多样化功能，转变图书馆的服务心态，为教育现代化发展创造条件。

读者至上，对高校图书馆服务内容再优化。在教育现代化环境下，终身学习、终身教育、面向未来持续创新已成为师生的普遍诉求，为真正有效发挥图书馆智慧服务的作用，需要优化服务内容，从传统的被动服务向新的主动服务转变，有效诠释读者至上思维。首先，图书馆工作人员要充分掌握大数据、人工智能等先进技术，为读者提供高质量、精品

质的服务。积极采用数字技术、智能技术开发全新阅读服务项目，满足教育现代化的实际需要。其次，要注重发挥技术优势，对图书馆馆藏资源进行搜集、分析和整理，形成新的智慧型产品和增值服务，深化服务标准，拓展新的服务领域。最后，要运用数据挖掘技术对读者的阅读习惯进行汇总、收集，构建阅读服务模型，分析读者个性化、多元化阅读需要，有效匹配图书馆资源，培养既全面发展又有个性特长的，具有国际竞争能力的应用型、复合型、创造型人才，提升智慧服务的质量。

集中资源要素，对高校图书馆服务方式再完善。现代化首先是人的现代化，人的现代化必须靠教育的现代化来实现。高校图书馆要为师生构建资源高度整合、力量协同发展的智慧服务体系。首先，要对师生通过参与智慧服务所形成的学习、科研成果进行再加工，并融入现有知识体系，从而形成不断积累、互动型知识服务模式。其次，图书馆要注重强化与其他高校、数字阅读企业和出版机构之间的协作力度，形成资源共建、知识共享的服务体系。高校图书馆要充分利用智慧云服务平台优势，为师生提供平等获取知识信息的服务，使高校图书馆资源实现互联共建、互通共享，提升智慧服务水平。最后，成立高校图书馆联盟，通过形成统一数据标准，实现图书馆资源共享，提升协同服务能力。高校图书馆要构建通用性服务模式和普适性服务规范，充分发挥高校图书馆在人才教育、学科建设等各方面的积极作用。

突出技术优势，对高校图书馆服务力量再充实。教育现代化是社会现代化的组成部分，图书馆要不断完善硬件和软件智慧技术，提升现代化水平，建设学术情报中心和阅读基地，为读者提供高质量、便捷性的服务体验。第一，要以优化读者阅读服务体验为基础，构建智慧服务新形态。通过二维码技术、蓝牙扫描技术，为读者提供智慧化的搜索服务。利用媒体融合技术，为读者提供文字、音频和视频等多种阅读形式，加深读者理解与认识。要注重为读者构建高效、立体的阅读分享平台，延伸读者阅读理解、思考。第二，要发挥技术优势，优化读者阅读流程，构建智慧服务新模式。要将"互联网+"、"智慧服务"和教育现代化等多种理念融入高校图书馆智慧服务体系，优化图书借阅流程，实现读者线上、线下阅读的全面融合。第三，要及时更新智能技术，将其作为图书馆智慧服务建设的核心动力。通过使用 VR、AR 等穿戴设备和智能机器人，优化读者体验。同时，利用智能技术对读者的阅读行为信息进行数据收集与分析，构建读者行为模型，为图书馆智慧服务构建科学依据。

教育现代化，离不开现代先进的教育思想和科学技术。图书馆的建设从来不是孤立的，图书馆智慧化服务建设不仅事关图书馆的发展，也是教育现代化的主要内容。高校图书馆在百花齐放的思想环境和日新月异的技术进步中，只有更新认识、主动适应、积极探索，才能在高校发展中赢得更为广阔的空间。高校图书馆要紧紧围绕学科发展需求，积极提供专业化、智慧化、个性化的服务，促进图书馆服务与教育教学深度融合，更为精准地对接教学需求，为教育现代化发挥应有的作用。

第八节　基于学科服务的高校智慧图书馆创建

在智能技术不断发展的今天，人类社会已经步入智慧时代，高校图书馆也需要将智慧图书馆创建作为发展目标。本书阐述了高校智慧图书馆的发展现状与优势，就如何从学科服务出发创建高校智慧图书馆提出策略，包括整合信息资源、优化平台结构、加强挖掘力度、重视安全维护等。

图书馆是高校知识资源最为密集的区域，承担着非常重要的职能，学科服务是其中最为主要的职能之一。当前，我国高等教育正处于"双一流"建设的关键期，强化图书馆在学科服务中的作用与价值是"双一流"建设的必然要求。然而，从图书馆学科服务的现状来看，情形并不容乐观。在学科建设不断深入的今天，学科服务的内涵与外延发生了巨大的变化，用户需求呈现出专业化、个性化、综合化的特点，传统的服务方式以及服务内容已经难以满足学科发展的需要。因此，必须深入开展高校智慧图书馆的建设，将学科服务作为智慧图书馆学科建设的重点。

一、高校智慧图书馆简介

高校图书馆不仅是高校文献资源的存储地，也是学生学习知识的重要场所，在高校教育、科研中发挥着至关重要的作用。随着网络信息技术，特别是智能技术的不断发展，传统图书馆的局限性日益显著，智慧图书馆成为现代图书馆发展的必然趋势。高校智慧图书馆就是以信息技术为基础，以数字化、网络化、智能化为主要特征的图书馆。但是智慧图书馆有别于高校图书馆中的智慧服务，智慧图书馆是一个系统性、集成性的概念，有着非常明显的优势，主要表现为以下三点：一互联性是高校智慧图书馆最为基本的属性，主要指图书馆能够借助互联网实现资源的共享。其中立体互联、全面感知以及深度协同是互联性的三个基本表现；二高效性，高校智慧图书馆使图书馆服务从线下向线上延伸，并且在移动互联网以及大屏智能手机的助力下，出现了掌上图书馆，图书馆服务更具有高效性。用户通过移动终端接入，便可以在最短的时间内获得想要的服务内容，比如预约稀缺书籍、查阅借阅信息、阅读读者评价等；三便利性，高校智慧图书馆的各项服务更具便利性；一方面它实现了全网络覆盖，只要在有网的条件下便可以顺利地介入到图书馆系统，获得相应的服务，另一方面，它极大地拓展了服务内容，增加了印本阅读、数字传播等功能。

二、基于学科服务的高校智慧图书馆创建策略

整合信息资源。图书馆是高校文献资源的存储地，文献资源则是图书馆最为宝贵的财富。因此，在高校智慧图书馆的创建中，以文献为中心的信息资源整合就成为最为基本的

工作。高校要做好各类信息资源的智慧化处理工作，将数量丰富且在持续增长的文献资源加工成可单独识别的个体，并借助智能芯片来存储反馈个体资源的信息。精细化是信息资源整理的基本要求，也是强化智慧图书馆在学科服务中作用的客观需要。高校需要突破以往以"库"为单位的粗放式的文献陈列模式，以"篇"为单位对各类文献资源进行整理归类，借助多样化的资源组织形式来满足不同层次乃至不同类型的学科服务需求。学校内部学术资源的整理是信息资源整理的重点。学校内部学术资源包括论文、专利等，以吉林化工学院为例，2018年全院共发表论文278篇，其中发表在中文核心期刊114篇，被SCI收录89篇，被EI COMPENDEX期刊收录66篇、被CSSCI收录3篇。学校内部学术资源不仅是学校科研能力的载体，也是学科服务的重要资源，必须做好系统整理与科学著录工作。

优化平台结构。高校智慧图书馆本质上是一个信息平台，平台结构是否具有科学性、合理性直接决定了智慧图书馆的服务能力。因此，在基于学科服务的高校智慧图书馆创建中，必须将平台结构的优化作为重点内容。其中功能模块的设计是平台结构优化的重点。从国内一流高校如南京大学等的建设经验来看，智慧图书馆的功能模块要包含学科门户、参考资源、学术交流、个性服务、信息素养培训以及后台管理等内容。就以学科门户为例，这是从学科服务的角度出发创建智慧图书馆的主要表现，需要具有资源导航以及一站式检索2个子模块，资源导航以学科分类体系为基准，借助资源的二次加工与重组，实现资源间的互联互通。而一站式检索则以检索系统的建设与完善为重点，检索方式以关键词检索为主，随着平台结构的逐渐优化，检索方式将从关键词检索向语义检索发展，提高平台学科服务的效率。

加强挖掘力度。智慧图书馆的资源本身是不会服务学科发展的，需要经由使用者的发掘与应用才能真正实现智慧图书馆创建的价值，而资源的发掘力度则是影响资源价值的主要因素。对学科服务而言，资源发掘可以从服务教学、服务科研以及服务学科建设三个角度开展。服务教学以课程图书馆的建设为中心，涵盖课程指定教材、资料讲义、相关论文、拓展文献等内容，服务科研以研究专题图书馆为中心，借助主题词分类将特定科研项目的文献资源整合起来，至于学科建设，则以虚拟专业分馆为内容。当前，高校外部环境发生了巨大的变化，高校与社会之间的互动日益密切，一方面从社会中获取了大量有助于高校发展的资源；另一方面也强化了高校服务社会的力量。高校智慧图书馆在以学科服务为目标的同时，也要拓展学科服务的内容，使学科服务与社会服务，比如城市服务有机地衔接起来。比如当前吉林省涌现了一大批新兴的战略产业，比如先进装备制造、卫星及航天信息、人工智能及机器人等，吉林化工学院在材料、航天航空、机电等学科具有突出的优势。因此，必须加大信息资源的发掘力度，推动学科服务向城市服务延伸。

重视安全维护。智慧图书馆的创建一方面为高校图书馆增强各项服务能力，尤其是学科服务能力提供了有力的保障；另一方面也增加了图书馆的维护难度，尤其是安全维护难度。因为高校智慧图书馆以网络信息技术为载体，而网络信息安全有很大的不可控性。对此，高校要重视智慧图书馆的安全维护工作。比如加强入侵检测，防火墙是保障网络信息安全的重要工具，其对获取到的信息会进行分析和判断，将不安全信息排除在外，能够有效应付一般黑客的攻击。但对高等级黑客而言，由于其对防火墙自身的漏洞较为熟悉，可以跳过防火墙的安全防护对目标发动攻击。因此，可以借助入侵检测系统来予以防范。入侵检测系统具有强大的记录与监控能力，能够在第一时间发现系统运行中的问题，比如未授权操作，从而起到安全预警的作用。又如安装杀毒软件，系统中信息资源较多，高校可以购买一些杀毒性能更强的杀毒软件。为了提升杀毒软件的处理能力以及安全防范效果，高校需要定期更新杀毒软件。

与传统图书馆相比，智慧图书馆无论在形态上，抑或在性能上均发生了翻天覆地的变化，服务能力得到了极大的强化。因此，高校需要将智慧图书馆的建设作为当前图书馆发展中的重点。高校承担着教育与科研的双重任务，而学科建设则是履行教育、科研双重任务的重点内容。高校在智慧图书馆的创建中要围绕学科建设开展，将学科服务作为智慧图书馆创建的主要目标，从资源整合等角度采取好有效的措施。

参考文献

[1] 邱均平. 论知识经济中的知识管理及其实施 [J]. 图书情报知识，1999（3）：9-13.

[2] 柯平. 知识管理在图书馆中的应用研究 [J]. 图书馆学研究，2003（9）：8-12.

[3] 覃凤兰. 基于知识管理的高校图书馆知识服务模式研究 [J]. 情报杂志，2007（5）：118-120.

[4] 吴建中. 浅谈 21 世纪图书馆发展趋势 [J]. 图书馆杂志，1997（1）：35-37.

[5] 杨荣然. 知识管理在高校图书馆的应用与发展 [J]. 图书馆论坛，2003（5）：30-31.

[6] 盛小平. 21 世纪的图书馆知识管理 [J]. 图书馆杂志，1999（8）：29-31.

[7] 吴慰慈. 从信息资源管理到知识管理 [J]. 图书馆论坛，2002（5）：110-113.

[8] 刘雪飞，张芳宁. 图书馆知识服务模式及发展趋势分析 [J]. 图书馆理论与实践，2012（10）：110-112.

[9] 李荣，刘旭. 对新环境下开展学科化服务的思考 [J]. 图书馆学研究，2010（4）：78-80.

[10] 麦淑平. 图书馆知识服务模式研究 [J]. 图书馆建设，2010（6）：72-75.

[11] 柯平. 新世纪图书馆需要知识管理和知识服务 [J]. 新世纪图书馆，2005（6）：13-15.

[12] 姚晨璐，李永先. 基于知识管理的图书馆核心竞争力研究 [J]. 图书馆学刊，2013（11）：7-8.

[13] 李育嫦. 数字图书馆信息资源共享现状及保障机制研究 [J]. 图书馆学研究，2014（3）：43-44.

[14] 董燕云. 云计算环境下公共图书馆信息资源共享模式与运行机制研究 [D]. 济南：山东大学，2014.

[15] 黄翔. 广西高校图书馆信息资源合作共享问题与对策研究 [D]. 南宁：广西大学，2013.

[16] 过仕明，张雨娴. 图书馆信息资源共享平台建设影响因素的定量分析 [J]. 情报科学，2013（10）：89-91.

[17] 李秦燕. 网络环境下高职院校图书馆文献信息资源建设的思考 [J]. 现代企业文化，2017（3）：180-181.

[18] 唐细英，付婷，陈文峰. 网络阅读和高校图书馆文献信息资源建设的发展 [J]. 科

技风，2017(2)：171.

[19] 刘霞，马晓，刘素颖. 网络环境下军队院校图书馆文献信息资源建设的对策 [J]. 科技文献信息管理，2016(3)：38-39.

[20] 刘安定. 云环境下图书馆信息资源建设的机遇、挑战与策略研究 [J]. 赤峰学院学报（自然版），2016(8)：192-194.

[21] 徐建华. 现代图书馆管理 [M]. 天津：南开大学出版社，2003.

[22] 董华，张吉光. 城市公共安全——应急与管理 [M]. 北京：化学工业出版社，2006.

[23] 彼得·德鲁克. 管理的实践 [M]. 齐若兰，译. 北京：机械工业出版社，2009.

[24] 郝建军. 基于智库理念的图书馆参考咨询服务转型与建设研究 [J]. 图书馆学刊，2016(12)：79-81.

[25] 王喜平. 基于智库理念的数字图书馆参考咨询服务模式研究 [J]. 河南图书馆学刊，2015(9)：112-114.

[26] 崔海英. 服务主导型数字图书馆理念下的图书馆虚拟参考咨询服务研究 [J]. 现代情报，2005(12)：81-86.

[27] 肖希明. 信息资源建设：概念、内容与体系 [J]. 中国图书馆学报，2006(5)：5-8.

[28] 程焕文，潘燕桃. 信息资源共享 [M]. 北京：高等教育出版社，2004.

[29] 肖希明. 信息资源建设 [M]. 武汉：武汉大学出版社，2008.